JN074295

ANA、JAL上級会員への
最短ルートを解説

マイレージ
ステイタスBOOK

上級会員になると飛行機旅が
ストレスフリーに！

航空会社は頻繁に飛行機を利用する顧客を上級会員と認定し、
様々なサービスを提供している。もちろんANAとJALも例外ではない。
代表的なサービスを紹介していこう。

｛　空港で　｝

優先チェックインカウンター

上級会員は上級会員専用もしくはビジネスクラス、ファーストクラスのチェックインカウンターで手続きを済ませることができる。待ち時間がほとんどないのが魅力だ。手荷物許容量の優待もある。

専用保安検査場

上級会員になると専用保安検査場を利用することができる。一般のレーンが混み合っていてもそれほど待つことはなく、搭乗時刻が迫っているときはとくにありがたみを感じる。

ラウンジの利用

航空会社のラウンジはまさに選ばれし者のみが立ち入ることのできる特別な空間だ。保安検査を通過した後の制限区域内にあるので、搭乗時刻までゆっくりとくつろぐことができる。

優先搭乗

搭乗時、上級会員は一般の利用客よりも先に機内に入ることができる。通路で詰まることがなくスムーズに着席できるし、頭上の手荷物入れがいっぱいで苦労するということはない。

荷物優先受取

上級会員が預けた手荷物には「PRIORITY」と記されたタグがつけられ、到着空港のターンテーブルでいち早くピックアップすることができる。上級会員でよかったとつくづく実感する瞬間だ。

｛ 予約やマイレージでも ｝

国内線予約の先行受付

ANA、JALともに上級会員は事前購入型の割引運賃などを先行して予約することができる。一般会員よりも希望便を予約できる可能性は高い。

予約時の空席待ちの優先

搭乗したい便、利用したい運賃が満席の場合、キャンセル待ちが優先される。上級会員本人だけでなく、同じ予約記録に入っている同行者にも適用される。

座席指定の優先

乗り降りしやすい機体前方の座席や足元の広い非常口前の座席などは一般の人は指定できないことがあるが、上級会員は優先して指定できることも。

フライトボーナスマイル

上級会員はフライトごとにボーナスマイルが加算され、一般の人よりも多くのマイルを獲得することができる。とくに長距離路線では大量のマイルが加算される。

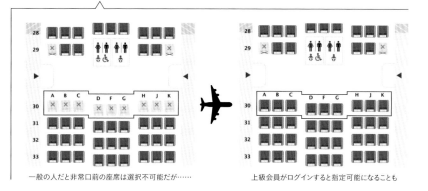

一般の人だと非常口前の座席は選択不可能だが……　　上級会員がログインすると指定可能になることも

目標は
ANAスーパーフライヤーズ会員、
JALグローバルクラブ会員になること！

　ANA、JALともに上級会員のステイタスを得ても、上級会員でいられるのは1年間のみ。引き続き上級会員でいるためには飛行機に搭乗して条件をクリアしなくてはならない。

　だが、両社とも上級会員のみが加入できるクレジットカードが存在し、カードの年会費を払っている間は飛行機にまったく乗らなくても上級会員としてのサービスを受けられる。そのクレジットカードがANAのスーパーフライヤーズカード、JALのJALグローバルクラブJALカードだ。

　ANAのスーパーフライヤーズカードはANAのプラチナ以上になれば加入の資格を得ることができる。ANAの上級会員ステイタスを継続して保持したいのならば、毎年条件を満たすよりもスーパーフライヤーズカードへの加入が現実的だ。そのためにANAではプラチナの取得を一つの到達点と捉えよう。

　JALのJALグローバルクラブJALカードについては2023年まではJALのサファイア以上になれば加入の資格を得ることができた。だが、2024年から従来の上級会員制度に加え、「JAL Life Statusプログラム」が新しくスタートし、JALグローバルクラブに入会するには同プログラムにおいて1500ポイント以上の保有が条件となった。詳しくはP.10〜において解説するが、1500ポイントを獲得するには仮にJAL国内線のみ利用の場合は300回以上の搭乗が必要となる。同プログラムは過去の搭乗実績もポイントの対象となるとはいえ、かなりハードな条件といえるだろう。そのため本書ではJALに関しては上級会員の恩恵を受けることができるJALサファイアを何年か継続して、その結果としてJALグローバルクラブに入会することを目標としたい。それゆえ、JALサファイア取得についての記述を中心としていく。

ここを目ざそう！

ANAプラチナ

- - - - - - - - - - - - - - - -

50,000
プレミアムポイント以上

JALサファイア

- - - - - - - - - - - - - - - -

50,000 FLY ONポイント以上、
もしくは
50回以上の搭乗かつ
15,000 FLY ONポイント以上

✈ CONTENTS

ステイタス取得の*ノウハウ*

知っておきたい基本的なこと

目ざすは永続的なステイタス

本書の目的はANA、JALの上級会員になること。具体的にはANAであればスーパーフライヤーズ会員に、JALであればJALグローバルクラブ会員になることをゴールとしている。これらは専用のクレジットカードに入会することで得られるステイタスで、現状のルール下では年会費を払い続ける限り、ラウンジや優先チェックインカウンター、専用保安検査場の利用といった上級会員としてのサービスを受けることができる。ただし、クレジットカードに加入するので審査が通ることが大前提だ。不安ならANAならワイドカード、JALならCLUB-Aカードを前もって申し込んで、審査が通るかどうか確認してみるといいだろう。

マイルとポイントは違う！

ANA、JALの上級会員になるには規定のポイントを獲得しなければならない（JALは搭乗回数でも可能）。ANAではプレミアムポイントと呼ばれ、フライトごとに搭乗区間や運賃種別などを基に独自の計算式によって算出される。JALにはFLY ONポイントとLife Statusポイントの2種類があり、前者はANAのプレミアムポイントと同様のもの、後者はフライトに加えショッピングでも貯まる。これらのポイントはマイレージ口座に貯まっていくマイルとは異なり、あくまでもマイレージ会員のランクを認定するための指標だ。いくら貯めても特典航空券などと交換することはできない。

まずはマイレージ会員になろう

ANA、JALの上級会員を目ざすにあたって、それぞれのマイレージプログラムの会員になる必要がある。ANAであればANAマイレージクラブ、JALではJALマイレージバンクに申し込もう。クレジットカード機能がないタイプであれば入会金、年会費は不要で、それぞれのホームページからオンライン入会することができる。これまでANA利用時にユナイテッド航空、JAL利用時にアメリカン航空のマイレージカードなどで貯めていた人も、ANA、JALの上級会員になりたいのであれば新たに入会する必要がある。提携航空会社のマイレージカードでエリートステイタスを得てもANA、JALの上級会員になることはできないのである。思い立ったらさっそく申し込もう。

✈ 飛行機に乗るのが近道

ANAのプレミアムポイントもJALのFLY ONポイントも飛行機に搭乗しなければ獲得することはできない。ANAではショッピング額＆定められたサービスの利用数が条件を満たせば通常より少ないプレミアムポイントで上級会員になれるし、JALのLife Statusポイントもショッピングで貯められる。ただ、金額的な面だけで考えると、ショッピングよりも飛行機に乗るほうが効率がいい。なお、上級会員を目ざして飛行機に乗ることを「修行」と称することもある。

特典航空券は ポイント対象外

ポイントは有償の航空券、つまりマイル積算対象運賃でないと積算されない。マイルで交換した特典航空券は積算対象外で、いくら乗ったところで1ポイントにもならない。ただし、マイルから電子クーポン（ANAのSKY コイン、JALのeJALポイント）に交換して航空券購入に充当した場合は有償航空券として扱われポイントが加算される。なお、有償の航空券を購入さえすれば、飛行機に乗らなくてもマイルやポイントが積算される……と思うのは大間違い。実際に搭乗しないとなにも積算されないので覚えておこう。

諸経費、宿泊代なども 考慮しよう

国際線でポイントを貯める場合は各種税金、燃油特別付加運賃といった諸経費も含めた支払額ベースで費用を計算する必要がある。燃油特別付加運賃は2ヶ月ごとに改定されるのでチェックしておきたい。また、国際線では一部の航空券を除いて最低旅行日数が設定されている。1〜3泊が必要になることから（目的地や航空券によって条件は異なる）、現地での宿泊代や空港から市街までの交通費などが必要となる。国内線と異なり、空港に到着してすぐに帰国便に乗ることはできないため、必然的に滞在費が嵩むわけだ。

✈ 運賃の安さに惑わされるな

コストはできるだけ抑えたいもの。料金の安い航空券を購入したいところだが、国際線で販売されることが多いキャンペーン運賃の利用は注意が必要となる。安い運賃だと積算率が低く設定されていることが多く、海外へ出かけても国内線と同じくらいしかポイントが貯まらないことも珍しくないからだ。なお、JALのLife Statusポイントは積算率は不問なので安ければ安いほどいい。購入額に対してどのくらいのポイントが貯まるのかを計算したうえで航空券は購入するべきだが、そこで意識したいのがポイント単価だ。1ポイントを得るためにいくらかかるのか明らかになると効率のいい航空券かどうかが判別できる。1ポイント＝10円を目ざしたいところだ。

JALの新上級会員プログラムと JALグローバルクラブ入会への道のり

JALは2024年1月から新しい上級会員制度「JAL Life Statusプログラム」をスタートさせた。毎年の搭乗実績で決まる1年単位のクリスタル、サファイア、JGCプレミア、ダイヤモンドの上級会員制度「FLY ONプログラム」は継続され、平行する形で生涯実績で判別する生涯型プログラムも始動した。この新プログラムの実施にともない、JALグローバルクラブ会員になるためのハードルが大幅に上がった。これまでは1年間「修行」すればJALグローバルクラブへの入会資格が得られたが、これから新たに目ざす場合には多くの人が数年以上の修行が必要となるのだ。JAL Life StatusプログラムとJALグローバルクラブ入会への新しい流れについて、航空・旅行アナリストの鳥海高太朗氏に解説していただこう。

鳥海高太朗
TORIUMI KOTARO

航空・旅行アナリスト。帝京大学非常勤講師。航空会社のマーケティング戦略を主研究に、LCC（格安航空会社）のビジネスモデルの研究や各航空会社の最新動向の取材を続け、経済誌やトレンド雑誌などでの執筆に加え、テレビ・ラジオなどでニュース解説を行う。2016年12月に飛行機ニュースサイト「ひこ旅」を立ち上げた。近著に「コロナ後のエアライン」（宝島社）、「天草エアラインの奇跡」（集英社）、「エアラインの攻防」（宝島社）などがある

JAL Life Statusプログラムってなんだ？

日常生活でのマイル獲得も重視

　航空会社では搭乗実績が多いマイレージプログラム会員を上級会員（多頻度会員）として、ラウンジや優先チェックインカウンターの利用、手荷物の優先引き渡し、空席待ちの優先などのサービスを行っている。近年の世界の航空会社の傾向としては、搭乗実績だけでなく、航空会社発行のクレジットカードの利用額や航空会社のサイト上でのオンラインショッピングなど、日常生活での利用実績も上級会員資格獲得に上乗せさせるケースが増えている。

　ANAでは2020年から飛行機の利用実績に加えて、ANAカード・ANA Payの一定金額以上の決済や、指定されたANAの各種サービスの利用数を達成することで上級会員になることができる新サービスを開始し、2022年からはライフソリューションサービスという名称となった。ライフソリューションサービスを活用することで搭乗実績の基準ポイントが通常よりも下がり、上級会員を目ざす人にとっては好意的に受け止められている。最上位のダイヤモンドになるためには、通常は10万プレミアムポイント以上が対象となるが、ライフソリューションサービスを活用することで「5万ポイント＋ANAカード・ANA Payの決済額500万円＋ライフソリューション7サービ

ス以上」もしくは「8万ポイント＋ANAカード・ANA Payの決済額400万円＋ライフソリューション7サービス以上」でダイヤモンドになれる。

　ANAのスーパーフライヤーズカードについては入会資格であるプラチナ以上のステイタスを獲得する必要がある。プラチナになるためには通常は5万プレミアムポイント以上が必要であるが、ライフソリューションを活用することで「3万ポイント＋ANAカード・ANA Payの決済額400万円＋ライフソリューション7サービス以上」でプラチナに到達する。

　なお、ANAのステイタスはすべて1〜12月の1年の利用実績で決定する。

JALの新プログラムは生涯型

　JALが2024年からスタートさせたJAL Life StatusプログラムはANAのライフソリューションサービス同様、日常生活も含めた利用実績で上級会員になることができる新プログラムだ。

　ただ、ANAは単年での上級会員資格基準において日常生活でのカード利用実績などが加わる形であるのに対して（ANAにも生涯の搭乗マイルによるマイル有効期限撤廃などのサービスが別途ある）、JALは現在の単年での上級会員制度であるFLY ONプログラムを残しながら、別のプログラ

ムとして、生涯におけるJALグループ便の搭乗実績（1980年4月以降）や2024年以降のJALカードなど日常生活の利用によってステイタスが決まるJAL Life Statusプログラムをスタートさせた。

つまり、2024年以降は単年型のFLY ONプログラムと生涯型のJAL Life Statusプログラムの二つの上級会員制度が併用できる形となる。JAL Life Statusプログラムは長年にわたってJALと結びつきの強い会員に対してのサービスを充実させる性格のプログラムといっていいだろう。

JAL Life StatusプログラムのステイタスはStar グレードと呼ばれLife Statusポイントによって決まる。Life Statusポイントに応じて6つのグレードが設定され、JALグローバルクラブ会員になる前の予備軍としてJMB elite、JMB elite plusを設定し、JALグローバルクラブ会員向けにJGC Three Star、JGC Four Star、JGC

FLY ONプログラムとJAL Life Statusプログラムの概要

	FLY ONプログラム ［継続］	JAL Life Statusプログラム ［新設］
ポイント名	FLY ONポイント	Life Statusポイント
積算対象	JALグループ便ならびに ワンワールド加盟航空会社の搭乗	JALグループ便の搭乗、 ライフスタイルサービスの利用
判定期間	毎年1～12月の1年間	生涯 JALグループ便搭乗は1980年4月以降、JALマイレージバンクに記録された搭乗実績が対象。ライフスタイルサービスは2024年1月～積算開始
資格保有期間	達成日～翌々年3月末まで	生涯*
ステイタス	クリスタル、サファイア、 JGCプレミア、ダイヤモンド	JMB elite、JMB elite plus、 JGC Three Star、JGC Four Star、 JGC Five Star、JGC Six Star
特典	ラウンジや優先搭乗、 専用保安検査場の利用など	ラウンジや優先搭乗、専用保安検査場の 利用など航空関連の特典に加え、 ホテルの優待やモバイル通信データの 無料提供といった航空以外のサービスも
JALグローバル クラブへの入会	不可	1,500Life Statusポイント以上で可

＊条件あり

JAL Life Statusプログラムのステイタス

		グレード	ワンワールドでの ステイタス	Life Statusポイント
JALカード 本会員	JMB elite	★	——	250〜
	JMB elite plus	★★	——	500〜
JALグローバル クラブ会員	JGC Three Star	★★★	サファイア	1,500〜
	JGC Four Star	★★★★		3,000〜
	JGC Five Star	★★★★★		6,000〜
	JGC Six Star	★★★★★★		12,000〜

JAL Life Statusプログラムのおもなサービス

グレード	フライトやマイレージ関連	その他
JALカード本会員		
JMB elite ★	サクララウンジeクーポン （年2回）	モバイル通信データの無料提供／ タクシー利用時の割引／ JALパックツアー割引クーポン
JMB elite plus ★★	サクララウンジeクーポン （年6回）	モバイル通信データの無料提供／ タクシー利用時の割引／ JALパックツアー割引クーポン
JALグローバルクラブ会員		
JGC Three Star ★★★	予約・搭乗時の優先／ラウンジの利用／ 受託手荷物無料許容量の優待／ プライオリティバッゲージサービス／ 搭乗ボーナスマイル	JMB elite plusに加えて、 限定イベントへの招待（抽選）
JGC Four Star ★★★★	JGC Three Starに加えて、 無料空港宅配サービス	JGC Three Starに加えて、 パートナー企業のステイタスの提供／ ホテルの優待
JGC Five Star ★★★★★	JGC Four Starに加えて、 サクララウンジ同行家族人数無制限／ 家族専用サクララウンジクーポン／ マイル有効期限延長（無期限）／ 家族へのマイル継承／家族のJGC本会員への招待	JGC Four Starと同様
JGC Six Star ★★★★★★	JGC Five Starに加えて、最上位ラウンジの利用	JGC Five Starと同様

Five Star、JGC Six Starの4つのグレードを設けた。一度、到達すれば下がることはなく、時間をかけてさらに上のステイタスを目ざすという構図になっている。

新プログラムのサービス内容は？

　JAL Life StatusプログラムではこれまでのJALグローバルクラブ会員向けのサービスがより拡充することになる。ラウンジや優先チェックインカウンターの利用、手荷物の優先引き渡しなどの従来のJALグローバルクラブ会員向けのサービスに加え、モバイル通信のデータ量の無料提供、タクシーアプリ利用時の割引やツアー割引、パートナー企業特典、さらには上位グレードになるとマイルの有効期限撤廃や無料空港宅配サービス、ホテルの優待や限定イベントへの招待などが生涯にわたって受けられる。パートナー企業の一つに大阪のユニバーサル・スタジオ・ジャパンが入っており、待ち時間を短縮できる「JAL ユニバーサル・エクスプレス・パス」などの提供が含まれるほか、ホテルチェーンのホテルステイタスも付与される。

　また、これまでのJALグローバルクラブ会員同様に、JGC Three Star、JGC Four Star、JGC Five Star、JGC Six Starであれば、ワンワールドのサファイアが付与されるので、ワンワールド加盟航空会社利用時のラウンジ利用が可能となっている。しかしながら、最上位グレードのJGC Six Starでもワンワールドのエメラルドは付与されない。エメラルドの資格を得るためには従来同様、単年型のFLY ONプログラムでJGCプレミアもしくはダイヤモンドを得る必要がある。

JALグローバルクラブに入会するには

入会のハードルが極端に上がった

　JAL Life Statusプログラムは基本的にJALグローバルクラブがベースとなる。JALグローバルクラブを生涯実績でさらに4つのグレードにわけているが、JALグローバルクラブ会員をこれから目ざす場合にはまずはJGC Three Star獲得を目標とすることになる。

　JALグローバルクラブは一度入会すれば搭乗実績に関係なく、クレジットカードの年会費を払うことで上級会員のサービスを継続的に受けられるという制度だ。2023年までは1〜12月の期間でFLY ONプログラムのサファイア（5万FLY ONポイントもしくは50回かつ1万5000FLY ONポイント ※その他条件あり）以上のステイタスを得ることでJALグローバルクラ

	サービス	指標	ポイント積算基準	ポイント積算数
航空	**JAL国内線**	回数	1搭乗	5
	JAL国際線	区間マイル	1,000区間マイル	5
ライフスタイルサービス	**JALカード**	マイル	2,000マイル	5
	JAL pay	マイル	500マイル	1
	JAL Mall	マイル	100マイル	1

Life Statusポイントの積算基準

ブへの入会が可能だった。

つまり2023年までは1回でもサファイア以上のステイタスを取得すれば、その有効期間中にJALグローバルクラブの会員になることで、次年度以降のJAL便の搭乗実績がなくても上級会員資格を維持できたというわけだ。

JALグローバルクラブで受けられる上級会員としてのサービスは、ラウンジや優先チェックインカウンター、専用保安検査場の利用、優先搭乗などサファイア相当と考えてよく、ストレスのない空旅を楽しむことができる。そのためJALグローバルクラブを目ざして1年間だけ飛行機に乗りまくるという人も多く、その行為は修行などともいわれていた。

だがしかし、2024年以降はJALグローバルクラブ会員になるためのハードルがほとんどの人で高くなった。

2024年以降、JALグローバルクラブ会員になるには、JAL Life Statusプログラムにおいて1500Life Statusポイント以上が必要となる。Life Statusポイントの対象は生涯の搭乗実績に加えてJALカードなどライフスタイルでの利用など。Life Statusポイントの基準は以下のとおりとなっている。

■Life Statusポイント積算基準

フライトの場合

・JAL国内線：1搭乗＝5ポイント

・JAL国際線：1000区間マイル＝5ポイント

日常生活の場合

・JALカード：2000マイル＝5ポイント

・JAL Pay：500マイル＝1ポイント

・JAL Mall：100マイル＝1ポイント

フライトはすべてマイル積算運賃での利用が対象で特典航空券などは対象外。国

際線の区間マイルは搭乗クラスや運賃種別（積算率）に関係なく、区間マイルでの計算となる。つまり、エコノミークラスに乗ってもファーストクラスに乗っても得られるLife Statusポイントは同じということだ。

フライトは1980年4月以降、JALマイレージバンクに記録を登録済みの搭乗実績を過去に遡って積算される。

自分の現在の状況を把握しよう

JALグローバルクラブ会員を目ざすにあたり現状、Life Statusポイントが0ということであれば、単純計算にはなるがJAL国内線のみ利用の場合は1500ポイントを獲得するのに300回以上の搭乗実績が必要となる。昨年まで50回の搭乗でサファイアを獲得し、JALグローバルクラブに入会できたことを考えると、じつにその6倍ということだ。

搭乗実績は過去に遡り1980年4月以降が対象とのことで、過去の実績はJALマイレージバンクのサイトから確認することができる。つまり、新ルールでは過去にJAL便にたくさん乗っていた人が思わぬ形でJALグローバルクラブ会員になるこ

とができるケースもある。

2023年までのルールでは単年での実績が足りず上級会員になれなかったものの、年に20〜30回のフライトを10年以上こなしている人や、年10回程度のフライトを30年近くこなしている人、継続的にJAL国際線を利用している人などは1500ポイント以上になっているかもしれない。そういった人は2024年以降はJALグローバルクラブ会員になることができるのが新ルールの特徴の一つだ。

また、1500ポイントに達していなくても、思いのほかポイントが貯まっていて、JALグローバルクラブを身近に感じられるという人もいるだろう。なにはともあれJALマイレージバンクで自身のLife Statusポイントをチェックし、自分がどのくらいのポイントからスタートできるのかを確認しよう。

なお、既存のJALグローバルクラブ会員については、新プログラム下でも資格は継続されるので影響は受けない。

もっとも影響を被るのが、これからJALグローバルクラブ会員になりたい人だ。2024年以降はFLY ONプログラムでサファイア、ダイヤモンドになっても、以前のようにJAL

0からはじめる1500Life Statusポイントへの道のり	
国内線のみ利用 ▶	300回
国際線のみ利用 ▶	東京〜ニューヨークを23往復
JALカードのみ利用 ▶	6000万円（100円＝1マイルの場合）

グローバルクラブ会員へ入会できないことになるからだ。

国内線の短距離路線搭乗が近道

何度も繰り返しているが、2024年以降、JALグローバルクラブ会員を目指すのであれば1500Life Statusポイントが目標となる。0ポイントからスタートであれば、国内線のみの利用であれば300回の搭乗、国際線のみであれば30万マイルの区間マイルが必要となる。

金銭的な部分だけで考えるのであれば、国内線の短い区間の搭乗により効率よくポイントを貯めることができる。

国際線の長距離路線をセール運賃で利用する方法もある。たとえば東京からロンドンやニューヨークを往復した場合、得られるLife Statusポイントはロンドンで60ポイント、ニューヨークで65ポイントとなり、国内線の12〜13フライト分を1回で獲得できる計算となる。

サファイアのステイタスを得ることができる「50回の搭乗もしくは5万FLY ONポイント」のペースで考えると、おおよそ5〜6年かかることになるが、スタート時点で過去実績においてそれなりのLife Statusポイントを獲得できていれば、その期間は短縮されることになる。

さらにJALカードやJAL Payでのポイント付与もあるので3〜4年に短縮することも充分に可能である。

JALカードについては最低でも100円＝

国際線の Life Statusポイント単価は？

2023年12月に検索したところ、東京〜ニューヨークのエコノミークラス往復が諸経費込みで27万8480円で見つかった。運賃はSpecial Saverだ。区間マイルは往復で1万3478マイル。65Life Statusポイントを獲得できるためLife Statusポイント単価は4285円となる。国内線利用とくらべるとこの単価はどうなのだろう？　国内線のLife Statusポイント単価は1区間5000円で購入すれば1000円、1区間1万円で購入すれば2000円、1区間2万円で購入すれば4000円となる。どちらがお得かは各自判断してもらいたい。ただ、国内線で65Life Statusポイントを獲得するためには13フライトが必要になることは覚えておきたい。国際線の長距離路線は一度で大量のLife Statusポイントを獲得できるのが大きな魅力だ。

1マイルが付与されるJALカード（JALカードショッピングマイル・プレミアムへの入会）は必須だ。JALカード利用分については20万円利用で2000マイル＝5Life Statusポイントということで、単純計算にはなるが年間200万円のJALカード利用で50Life Statusポイント（国内線10フライト分）、年間500万円のJALカード利用で125Life Statusポイント（国内線25フライト分）となる。つまり100円＝1マイルのカードにおけるLife Statusポイント単価は4万円だ。

一方、JAL国内線のLife Statusポイント単価はどの程度であろうか。とある区間のスペシャルセイバーを6000円で購入して5ポイントを獲得すると、そのときのLife Statusポイント単価は1200円。国内線航空券を2万円で購入してもポイント単価は4000円だ。

金額だけで見ると、Life Statusポイントを得る際はJAL国内線利用が圧倒的に有利であることを覚えておきたい。

また、JALグローバルクラブ入会の資格を得ることができる1500Life Statusポイントに到達するまではカード決済をJALカードに集約することが望ましい。ちなみに100円＝1マイルが貯まるJALカードで1500Life Statusポイントをすべてカード決済で貯めようと思うと6000万円

ロサンゼルス・ドジャースの試合を観戦すると？

2024年シーズンから大谷翔平選手、山本由伸選手が所属するロサンゼルス・ドジャースの試合を観戦する場合において、東京からロサンゼルスへの単純往復の航空券でも往復で1万916マイルとなり、50Life Statusポイントを獲得できる。国内地方都市からの利用であれば、さらに往復で国内線分の10Life Statusポイントが加算されるので、合計で60Life Statusポイントの獲得となる。

のカード決済が必要となる。

JALでは2024年春を目処にJAL Wellness & Travel、JALでんき、JALふるさと納税、JAL NEOBANK、JALPAK、JAL ABC、JAL USA CARDなどでの利用でもLife Statusポイントを獲得できるとのことで、その内容次第ではさらに到達の短縮が見込まれる。

とはいえ、Life Statusポイントの単価がもっとも優秀なJAL国内線をマイル積算運賃で利用することが不可欠となる。

短距離路線の拠点とすべき4空港

では、具体的にどのような航空券を選ぶのがベストであるか考えてみよう。Life Statusプログラムでは国内線・国際線ともに運賃の種別関係なく、国内線では5Life Statusポイント、国際線では1000区間マイルで5Life Statusポイントを得ることができる。

運賃によらないという点がFLY ONプログラムとの大きな違いだ。Life Statusプログラムにおいてはファーストクラスやビジネスクラスの正規運賃であろうがエコノミークラスや普通席のセール運賃であろうが獲得できるLife Statusポイントは変わらない。唯一変わるのはJALカードで航空券を決済することにより得られるLife Statusポイントだけだ。

基本的にLife Statusポイント獲得においてはとにかく安い運賃で利用することに尽きる。そのためJALのタイムセールは

絶対に見逃してはならない。2022年は国内線全路線片道6600円セールが話題となったが、現在でも路線は限定となるものの定期的にタイムセールが行われており、短距離路線においては片道5000円台で購入できる機会もある。空港施設料などを含めて1区間平均6000円で購入できれば300区間で180万円という計算となる。航空券だけでなく、日常生活でもJALカードを積極的に利用して決済すればハードルはさらに下がることになる。もちろん過去にJAL便搭乗の実績があればその分負担は減ることになる。

JAL国内線で短距離区間を積極的に利用して修行する場合には、短距離路線が運航されているベースとなる空港を頭に入れておくことが望ましい。具体的には那覇、伊丹、福岡、鹿児島の4空港をベースにするといいだろう。

羽田においてはもっとも短い区間でも羽田〜中部、羽田〜山形となっており、それなりに距離もあることから片道5000円台円で搭乗することは難しく、さらに便数も限られているため修行には適さない。

上記の4空港以外の地域に住んでいる人はまずはベースとなる空港に移動してから修行をはじめることになる。

なかでも修行に適しているのは那覇という声が多い。那覇を拠点に那覇〜宮古、那覇〜石垣、那覇〜久米島の3路線を上手に組み合わせることで1日8〜10フライトを飛ぶことが可能で、10フライトできれば1日で50Life Statusポイントを獲得できることになる。JALグループの日本トランスオーシャン航空（JTA）および琉球エアコミューター（RAC）による運航で、那覇〜宮古線は1日9往復、那覇〜石垣線は1日7往復、那覇〜久米島は1日6往復となる。同じ路線で往復（タッチ）するよりは、景色が少し変わる形でこの3路線を組み合わせるのがベストだろう。

搭乗する日やセールの状況にもよるが多くの日で片道8000円〜1万円で購入することが可能で、運がよければ5000円台〜7000円台で買えることもある。運賃が安い日を狙っていきたい。

おすすめの短距離路線	
拠点	行き先
那覇	宮古、石垣、久米島
伊丹	但馬、出雲
福岡	宮崎
鹿児島	奄美大島→与論→沖永良部→徳之島→喜界島など。種子島、屋久島

最近、JALのホームページで国内線運賃を検索するとカレンダー画面で日ごとの最安値が表示されるようになった。ここをベースにしながら、安い運賃が出ている日を修行の日として選ぶことでコストを抑えることが可能だ。

宮古や石垣へは羽田などから直行便が運航されているが、あえて直行便を利用せずに羽田〜那覇〜宮古、羽田〜那覇〜石垣というようにベースとなる空港を経由した乗り継ぎを活用しよう。

JALでは2023年4月に国内線の運賃ルールが大きく変わり、乗り継ぎをする場合でも直行便と同等の料金設定となった。これまでは基本的には1区間ごとの購入が原則であったが、乗り継ぎがある場合の料金が大きく下がったことで、羽田から那覇乗り継ぎの宮古、石垣、久米島への2区間搭乗の航空券が1万円台で購入できることもあるので活用していきたい。

伊丹をベースにする場合は伊丹〜但馬、伊丹〜出雲の2路線を上手に活用するのがおすすめだ。羽田発の場合は伊丹乗り継ぎの羽田〜伊丹〜但馬でも安い運賃が出ている。伊丹〜但馬は1日2往復、出雲へは1日4往復あるので効率的に利用できる。伊丹から但馬へは片道35分、出雲へは片道50分ということで体の負担は少なく、おすすめできるルートになっている。

福岡をベースにする場合、福岡〜宮崎線を徹底して利用すると効率がいい。片道40〜45分のフライトで1日7往復が運航

されており、最大1日5往復＝10区間の利用が可能だ。安いときには片道5000円台で購入することができる。懸念点としては、福岡空港が混雑していることが増え遅延する便もあること。1日5往復するのではなく、その点を踏まえて余裕をもった計画とするのがおすすめだ。

さらに鹿児島をベースに元祖「アイランドホッピング」をしながら回数を稼ぐ方法もある。鹿児島から奄美大島、さらに与論、沖永良部、徳之島、喜界島などへというフライトで、沖永良部や与論などから那覇への便も運航されている。鹿児島〜那覇の移動の間にフライトを重ねることにより、2日間で羽田からの移動も含めて15フライト程度が可能だ。以前はアイランドホッピングをするツアーが販売されていたが、現在は自分で組み立てての利用になる。同じ路線を頻繁に往復するのではないため、異なる景色を楽しみながら修行することが可能なルートとなっている。

鹿児島をベースとするときは鹿児島〜種子島、鹿児島〜屋久島の2路線も片道1万円以下で買えることが多く、飛行時間が短いことから修行におすすめだ。

2011年に九州新幹線が全線開業する前は福岡〜鹿児島〜種子島もしくは屋久島というルートが便利だったが現在では福岡〜鹿児島線の運航がない。鹿児島空港をベースにするならばアイランドホッピングと鹿児島〜種子島、鹿児島〜屋久島の二つの路線を上手に活用することで回数

を稼ぐことができる。

　今回は那覇、伊丹、福岡、鹿児島を拠点としたルートについて考えてみたが、同じ路線ばかりに乗っていると飽きてしまうだろう。コツとしてはいろいろな路線を上手に組み合わせて1500Life Statusポイントを目ざしてほしい。

国際線はセール運賃を活用

　国際線でのLife Statusポイント獲得は不向きと思われがちであるが、海外発券やセール運賃を上手に使えば、燃油サーチャージの高騰という問題はあるもののそれなりのメリットがある。

　シドニー発券で羽田経由ヨーロッパ行きやアメリカ主要都市行きのエコノミークラスの航空券を使えば、シドニー～羽田で片道4863マイル、羽田～ロンドンで片道6214マイル、羽田～ニューヨークで片道6739マイル、羽田～ロサンゼルスで片道5458マイル、羽田～ホノルルで片道3831マイルとなる。シドニーから羽田経由ニューヨーク行きで往復2万3204マイルとなり、4区間で115Life Statusポイントを獲得可能で、これは国内線の23回搭乗と同等となる。

　仮にマイル積算率30％の格安運賃であっても、Life Statusポイントの基準は基本区間マイルがベースになることから、マイルはあまり貯まらないが、Life Statusポイントはしっかり貯まる。

　ただし、単年でのFLY ONプログラムの

ステイタスをFLY ONポイントで目ざす場合は、これまでどおりマイル積算率が大きく影響することを忘れないでおきたい。積算率不問という乗り方は、Life Statusポイントを貯める際の貯め方であることを念頭に置いておこう。

まずはサファイアを目ざそう

　前述のとおりかつてはFLY ONプログラムのサファイア以上になることでJALグローバルクラブに入会することができたため、1年修行することがスタンダードであった。だが、2024年からはサファイア以上になってもJALグローバルクラブに入会することはできない。

　では、FLY ONプログラムのステイタスを目ざす必要はないのだろうか？

　そんなことは決してない。ラウンジや専用保安検査場、優先搭乗が利用できるサファイア以上を維持しながら1500Life Statusポイントを目ざして修行するのがベストだからだ。

　やはり修行においてラウンジが使えるか使えないかは空旅の快適度を左右し、疲労度も大きく変わってくる。また、飛行機の便が遅れたり欠航したりした際などの代替便においても、満席時については上級会員は空席待ちの優先が得られるなどのメリットがある。座席指定ができる範囲も一般会員にくらべると広がるので、とくに景色を楽しみたい窓側を確保するにはステイタスは強い味方となる。

FLY ONプログラムのFLY ONポイントは1〜12月の1年間が判定期間であり次の年にはリセットされてしまうが、JAL Life StatusプログラムのLife Statusポイントは基本的には消滅することはない。JALグローバルクラブに入会するために複数年かけて1500Life Statusポイント到達を目ざすスタイルではサファイア以上を維持しながら修行することを強くおすすめする。サファイアを取得するまでは不便かもしれないが、一度サファイアになってラウンジが使える状況になれば、以降の修行はかなり楽になるだろう。

航空業界は非航空事業を強化

JALの新しい生涯実績上級会員制度であるJAL Life Statusプログラムは、旅行や出張だけでなく、日常生活でも長い期間を通じて航空会社と消費者の交流を持ちたいという意味合いが強い。

航空会社は新型コロナウイルスにより大きな打撃を被った。そのため今後、同様な事態が起こった際にもしっかり収益を確保するべく、近年は非航空事業に力を入れている。自社クレジットカード（JALカード、ANAカードなど）に加えて、新しい決済手段の導入（JAL Pay、ANA Payなど）、オンラインショッピングの拡充などに注力している。今後もこの流れは続くことになりそうで、これまで以上に飛行機以外で航空会社との接点を多く持つことになりそうだ。

JAL Life Statusプログラムでは様々な日常生活のシーンでLife Statusポイントを獲得できるが、効率的にポイントを得るためには、多くのJAL便に搭乗すること、そしてJALカードでの決済が大切になってくる。それ以外の日常生活でのポイントは＋α程度に考えておくのがいいだろう。

すでにJALグローバルクラブ会員になっている人においても、さらに上のグレードであるJGC Four Star、JGC Five Star、JGC Six Starを目ざすべく修行に励む人も出てくるだろう。

どちらにしても無理なく —— 多少の無理が必要なこともあるが —— 楽しく修行をしてほしいところだ。

2024年からJALグローバルクラブに入会するためのハードルが一気に上がった。1500 Life Statusポイントまでの道のりは人それぞれであるが、無理なく目ざしたいものだ

EXPERIENCES

01

ステイタス取得体験談

すでにANA、JALの上級会員と
なっている方々に、なるまでのこ
と、そしてなってからのことを語っ
てもらった。実際にその道を通っ
てきた先輩たちの言葉には様々
なヒントが散りばめられている。

✈ **ANA** *P.24-55*
✈ **JAL** *P.56-71*

SCENE 1

楽しみながらチャレンジできることってなんだろう？

鉄道趣味を絡めて修行したら、 いつの間にかダイヤモンドに到達

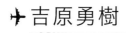

✈ 吉原勇樹
YOSHIHARA YUKI

Profile
55歳記念になにか新しいことをと思い、それまで飛行機にほぼ縁がなかったのにANAプラチナステイタス修行を敢行。目的はラウンジでビールを飲むこと。果たして修行の成果は……。

ANA

- ○ 取得したステイタスと取得年
  ANAダイヤモンド（2021〜2023年）
  ANAスーパーフライヤーズ会員（2021年）
- ○ ステイタス取得までの搭乗期間*　2021年1〜12月
- ○ ステイタスを取得したときの年齢*　55歳
- ○ およその費用*　　　　　　　　約80万円

　＊2021年のANAダイヤモンド取得時

ステイタス修行の門出を祝うような美しい富士山が出迎えてくれました。昇りたての太陽が、富士山のシルエットを遠くまで描き、航空機ならではの絶景を楽しめました。

そもそも私は「鉄っちゃん」

　私の実家は横浜の某路線の線路端。生まれ育った特異な環境により「鉄分」が全身に染み込んで、昭和、平成、令和と半世紀を生きてきた現在も、鉄道に乗って全国を旅巡り、そして各地で列車にカメラを向ける、そんな鉄っちゃん人生まっしぐらなのであります。

　しかし、満55歳を翌年に控えたある日、ふと思ったことが……。

　「長い目で見れば、もう人生の後半。自由気ままに行動できるのも今しかないのかもしれない」

　かくして、これまで経験がなく、楽しみながらチャレンジできることに1年間没頭してみようと決意し、目標探しの日々。

　そんなある日、懇意にしているANAプレミアムステイタス所持者の大学後輩と仕事のあと合流して、赤提灯で焼鳥をいただきながら歓談。そのとき週末はしばしばANAで全国各地を巡っている旅の話を聞かせてもらいました。とても充実していそう。ステイタスの特典もすごく魅力的。

いっちゃえ、ステイタス修行！

　「これだ！　私にとっても趣味と実益を兼ねられそう。55歳、Go Go！　だし、いっちゃえっ」ってことで、翌年の1年間をANAステイタス獲得への修行＝チャレンジを決意したのであります。

　とはいえ、どんな仕組みなのか、ANAにしろJALにしろ航空機にはめったに乗る機会がないことからさっぱりわかりません。なので、この後輩の指南をたっぷりと受けて、まずはANAカードをつくるところから

那覇空港に着陸する数分前に見えてきた珊瑚礁の島は、沖縄県本部町の沖合に浮かぶ水納島。この特徴的な島影が気になっていて、いつか訪ねてみたいと思います。

はじめます。

　私の描いた目標は単純明快。「空港を利用するたびにANAのラウンジで無料ビールを飲みながらのんびりしたい。笑」。後輩のアドバイスを受けて目ざすステイタスをプラチナに決定。単年度の累積搭乗ポイントで見直されてしまうプレミアムステイタスに対して、プラチナ以上のステイタス取得で切り替えることのできるANAスーパーフライヤーズカードならば、所定の年会費（私が所持するVISAのANAゴールドカードの場合1万6500円）を支払う限り、生涯ラウンジが使えるようになる。ステイタス修行を1年限りと考えていた私にとってはこれは大きな魅力でした。

　しかし、冷静に振り返ってみると、「本来めったに飛行機に乗らない生活スタイル」な私にとって、決して安くない年会費を払いながらラウンジ使用権維持を目ざすことが本当に必要だったのかどうか……。ま、当時は「いっちゃえ」のノリが私の意思決定脳を仕切っていたんだと思います。

　話はそれますが、それまでの私にとって飛行機は「運賃が高いイメージ」があり敷居が高いと感じつつ、「いつかマイルが貯まったら特典航空券で旅がしたい」という漠然とした思いだけはあって、ANAマイレー

ジカードだけは持っていました。ただ、実際はごくたまに遠隔地への業務出張時くらいしか搭乗する機会がなく、マイルもさほど貯まらず話にならなかったところでのステイタス修行敢行ということで、じつはマイル積算の期待もありました。

まずは足慣らしフライト

　修行は55歳を迎える2021年の1月1日から1年間と決めていましたが、まずはその前に私のANAカード取得と後輩のANAダイヤモンドステイタス達成のダブル記念を祝して、プレミアムクラスを奮発して羽田空港から富山空港への「足慣らし」フライトを決行しました。この搭乗に際しては、羽田空港ではダイヤモンドステイタスの後輩の同行者ということで、ANA LOUNGEのさらに上層階にあるANA SUITE LOUNGEを初体験!　一般の搭乗口しか縁のなかった私には、これらのラウンジは竜宮城のような存在に思えたのでありました。

　富山への旅の目的は、いまだ国鉄型車両が健在のJR氷見線乗車と、氷見ならではのうまい魚料理を食べることにありました。ステイタス修行というと、「タッチ」といわれる到着空港から速攻で折り返しの便で帰ってくる搭乗方法の方も少なくないかと思います。でも、私としてはこの富山ツアーのように、「ただポイントを稼ぐのではなく、現地での目的を定めて楽しんでくること」を修行の自分ルールに定めることにしました。

いよいよ修行スタート

　かくして、数回分の目的地を決めて、不慣れな手つきでANAホームページからなんとか航空券を予約し、そして迎えた元旦、

明け方の羽田空港に到着。いよいよ人生初の、そして最後となるであろうステイタス修行のはじまりです。

　1年間に及ぶ壮大なプロジェクトのスタート記念に考えた行き先は、はるか南の沖縄でした。翌日は仕事があるので、日帰り

弾丸ツアー。「沖縄に行って、珊瑚礁の海を前に南国の空気で思いっきり深呼吸してくる」を目的としました。沖縄への日帰りなんて、それまでの私の思考プロセスには存在しない大冒険です。

　高まる期待を胸に日の出とともに離陸した機体。あっという間に横浜の上空を通過して神奈川県を横断。続いて迫ってきたのが富士山でした。驚いたことに、東の空から昇ってきたばかりの太陽によって、「富士山型の影」が遠く中央アルプスのほうまで伸びる幻想的な姿で迎えてくれたのであり

旅行初日の目的地は、沖縄本島南部の絶景スポット「ニライカナイ橋」。ニライとカナイ橋が合わさったもので、高台からカーブを描きながら進むユニークなデザインが特徴です

ます。こんな情景は、航空機の窓からしか見ることができません。一年の、そして修行のはじまりの日に感動的な美しい姿を目にして、1年後の目的達成に向けてあらためて意を強くした私でした。

その後、機体は紀伊半島の南側をかすめると、しばらくは太平洋上を飛行。やがて鹿児島、奄美諸島が次々に眼下に見えてくると、いよいよ海は南色へと変化して、美しい珊瑚礁の島々の情景を楽しみながら那覇空港に着陸となりました。

元旦に沖縄にいるという不思議な感覚を味わいながらレンタカーで向かった先は、沖縄本島南部の絶景スポットとして有名なニライカナイ橋でした。この橋を見下ろす展望台から背景に広がる珊瑚の海を眺めつつ、大きく何度も何度も深呼吸。目的達成。今までにない自分に出逢ったような気分に満足しながら空港に戻って、沖縄そばをいただいてから予定どおりの便で夕刻無事に羽田空港に帰着。記念すべきステイタス修行の初日はこのように素敵な想い出として脳裏に刻まれる旅となりました。

ステイタス取得への道のり

さて、私が目ざしたプラチナ取得の条件は、単純にいえばANA（グループ運航便を含む）に搭乗するたびに付与されるプレミアムポイントを5万ポイント貯める必要があります。比較的安価に設定されるANA SUPER VALUE運賃で搭乗した場合、羽田〜那覇間は往復で2952ポイントなので、単純に1年間に17往復すれば達成できます。これより上位クラスの運賃で搭乗の場合は別途搭乗ポイントが加算されるので、効率よくポイントを貯めるので

あればANA VALUE TRANSIT、株主優待割引運賃、プレミアム運賃で、ということになりますが、いうまでもなくその分出費が上昇するので、フトコロ具合との相談になります。なお、羽田〜那覇線に関しては、長距離ゆえにポイントが多くつき、その割には料金が抑えられているように思えること、そして便数が多いことから、ステイタス修行を目的とした多くの皆さんにとって定番路線となっているようです。

二足の草鞋が功を奏して

冒頭で記したように、私は鉄道をこよなく愛する「鉄っちゃん」です。この趣味はステイタス修行中も継続するつもりだったので、修行方法は「適度に沖縄を訪れポイントを重ねつつも、鉄道撮影にも精を出すこと」としました。沖縄ほどではないにしろ、それなりにポイントの貯まる長崎や鹿児島に毎月のように通い、現地のローカル線撮影を楽しんだのであります。

すると想像していた以上のペースでプレミアムポイントが貯まっていき、なんと半年で5万ポイントに到達してプラチナステイタスを獲得、めでたく念願のANAスーパーフライヤーズカードを取得できたのでありました。

その後も同じようなペースで活動を続けていたのですが、ANAのプレミアムポイント2倍キャンペーンの効果も大きく、秋口までになんと10万ポイントを達成し、夢の先にある夢であったダイヤモンドステイタスまでも獲得するに至ったのでありました。私の場合は、修行に趣味をブレンドした活動が、このビッグな幸運につながったのだと確信しています。

長崎空港へのフライトの際に、いつも気になっていたのが文字とおり「蛇行」する六角川が織りなす田園風景でした。前掲の富士山同様、航空機だからこそ楽しめる景観だと思います。

上から／主要空港を元旦の午前中に経つ便（一部除く）のプレミアムクラスで提供されるおせち料理。おいしいのはもちろん、しっかりした器に詰められており、蓋をお土産にいただきました／誕生日搭乗ではラウンジや機内でお祝いしていただき、メッセージカードやプレゼントまで用意されていました。各地の空港ラウンジでいただけるステッカーは記念になります／羽田〜富山便に搭乗した際のCAさんは、スーパードルフィン最終便を担当されていた方で会話が弾みました。こういう再会も修行時の楽しみの一つになっています。

2年目の修行へ!?

　かくして、ダイヤモンドステイタスで迎えることになった翌年の元旦は、2年連続の沖縄便、それも去年より遠くの宮古行きに搭乗していました。目的は元旦の午前中の一部の便のプレミアムクラスで提供される「特別おせち料理」。その存在はステイタス修行を指南してもらった後輩が教えてくれました。おいしくいただきながら、今年はどこに行こうかといろいろと考えたり……。「あれ？　修行は1年限りではなかったのか？」という声が聞こえたような気がします。

　これは私が感じた「ダイヤモンドステイタス・マジック」でして、このステイタスで甘受できるANAスタッフの皆様の高いサービスとホスピタリティが、「来年もダイヤモンドを維持したい」という強い気持ちを生み出すのだと思います。

　ANA SUITE LOUNGEの利用、自由度の高い座席選択やキャンセル待ち優先扱いといった点だけでなく、専用電話窓口での対応、バースデーフライト時のサービスなど、どれも私の期待を超えるサービスばかりでした。いつか機会があれば、この点についても触れてみたいと思います。

次なる夢の実現へ

　国内線のみの搭乗を前提にしてのステイタス修行は、それなりに時間も費用もかかることからハードルは低くはないと思いますが、私のように趣味活動を絡めてチャレンジできると楽しみながら継続できて、意外と達成しやすいのかもしれません。

　結局、修行をはじめてからの3年間、幸運にもダイヤモンドステイタスを維持でき

ましたが、これで終止符を打ちたいと考えています。2024年は3年間の修行生活で貯まった40万を超えるマイルを使って、もう一つの長年の夢であった特典航空券の旅を存分に楽しみたいと思っています。

今この原稿をまとめているのは、師走の羽田空港ANA SUITE LOUNGE。これからおいしい食を求めて山陰へ。

私の修行時のドレスコード（笑）は、SNSで知り合った方にこのためにデザイン・制作していただいたANA機の入った特製Tシャツ。私と一緒に北海道から沖縄まで飛びまわりました。

上級会員Q&A
吉原さんに聞いてみました！

Question
上級会員になることを思い立ったきっかけを教えてください

Answer
残りの人生を考えたときに、今できるなにか新しいことにチャレンジすべく、後輩からの情報を参考に航空会社のステイタス取得を考えてみました。それまで日常生活では飛行機にはほとんど縁がないなか、「55歳＝Go Go!」と捉えてチャレンジしてみることに。ステイタス修行百戦錬磨の後輩からの有益なアドバイスと趣味活動を絡めた修行スタイルが功を奏したと感じています。

Question
ポイントを貯めた時期を振り返り、「今思うとこうしておけばよかった」と思うことはありますか？

Answer
株主優待券はチケットショップで入手できますが、有効期限が迫ってくると1枚数百円程度まで価格が下がります。計画当初から有効期限間近でのフライトを考えて、株主優待割引運賃で手配しておくようにすると安価に効率よくポイントを重ねていくことができると思いました。

Question
上級会員になってよかったことがあれば教えてください

Answer
コロナ禍では一時期制限がありましたが、ANAのホームページで紹介されている上級会員ならではのサービスを堪能できることは満足度が高いです。とくにダイヤモンドステイタスを取得してからは、航空会社の上級会員に対するホスピタリティを体感すると同時に、固定客を獲得するノウハウを学ぶ機会にもなったと感じています。

Question
これから上級会員資格を取得しようか迷っている人にアドバイスをお願いします

Answer
SNSではステイタス取得を目的として活動している者同士が、普段の活動報告を共有しているようなグループがいくつかあります。そのようなところに参加して有益な情報を得たりアドバイスを受けたりするのもよいと思います。

SCENE **2**

海外発券も駆使して上位ステイタスを維持

上級会員のサービスは
飛行機旅を快適にしてくれる

✈ 沖田智大
OKITA TOMOHIRO

ANA

Profile
20代前半で海外在住を経験してから、リーズナブルにすごすことができるアジアが好きになる。常夏のリゾート地で日光を浴びながら、冷えたビールを飲み、おいしいものを食べることが愉楽の旅人である。

○ 取得したステイタスと取得年
　　ANAスーパーフライヤーズ会員（2016〜2021年）
　　ANAダイヤモンド（2021〜2023年）

○ ステイタス取得までの搭乗期間*　2023年2〜12月

○ ステイタスを取得したときの年齢*　43歳

○ およその費用*　　　　　　　　約85万円

└─ *2023年のANAダイヤモンド取得時

ANAインターコンチネンタル石垣リゾートのベイウイングからの風景です。海外リゾートを彷彿させるこの絶景は、ボーっと眺めているだけでも癒されます。

条件達成までの道のり 2023年のANAダイヤモンド取得時

年月	区間	席種	運賃	獲得ポイント	ポイント単価	
2023年2月	羽田～新千歳	普通席	ANA SUPER VALUE SALE	1,020	7.6円	
	新千歳～羽田	普通席	ANA SUPER VALUE SALE	1,020	7.6円	
2023年3月	羽田～伊丹	普通席	VALUE TRANSIT 7	1,240	9円	※1
	伊丹～那覇	普通席	VALUE TRANSIT 7	2,616		※1
2023年4月	羽田～伊丹	普通席	ANA VALUE 1	1,640	9.3円	※1
	伊丹～那覇	普通席	株主優待割引運賃	3,755	5.5円	※1
	那覇～伊丹	普通席	ANA SUPER VALUE 28	1,108	13.5円	
	伊丹～那覇	普通席	ANA SUPER VALUE 28	1,108	13.5円	
	那覇～伊丹	普通席	株主優待割引運賃	3,016	6.9円	※1
	伊丹～羽田	普通席	ANA VALUE 1	1,640	9.8円	※1
2023年5～8月	マニラ～羽田	エコノミークラス	Economy Full Flex（海外発券）	3,220	10.4円	
	羽田～石垣	普通席	国際線乗継	2,448		
	石垣～羽田	普通席	国際線乗継	2,448		
	羽田～マニラ	エコノミークラス	Economy Full Flex（海外発券）	6,440		※2
2023年5～6月	ソウル（金浦）～羽田	ビジネスクラス	Business Special Plus（海外発券）	1,195	12円	
	羽田～石垣	普通席	国際線乗継	2,448		
	石垣～羽田	普通席	国際線乗継	2,448		
	羽田～ソウル（金浦）	ビジネスクラス	Business Special Plus（海外発券）	1,195		
2023年6～7月	ソウル（金浦）～羽田	ビジネスクラス	Business Special Plus（海外発券）	1,195	12.3円	
	羽田～那覇	プレミアムクラス	国際線乗継	2,952		
	那覇～羽田	プレミアムクラス	国際線乗継	2,952		
	羽田～ソウル（金浦）	ビジネスクラス	Business Special Plus（海外発券）	2,390		※2
2023年7～10月	ソウル（金浦）～羽田	エコノミークラス	Economy Full Flex（海外発券）	3,074	8.7円	※2
	羽田～石垣	普通席	国際線乗継	2,448		
2023年8～12月	クアラルンプール～成田	エコノミークラス	Economy Full Flex（海外発券）	10,834	5.7円	※2
	成田～ロサンゼルス	エコノミークラス	Economy Full Flex（海外発券）	11,716		※2
	ロサンゼルス～サンフランシスコ	エコノミークラス	Economy Full Flex（海外発券）	739		
	サンフランシスコ～シアトル	エコノミークラス	Economy Full Flex（海外発券）	1,079		
	シアトル～サンフランシスコ	エコノミークラス	Economy Full Flex（海外発券）	1,079		
	サンフランシスコ～バンクーバー	エコノミークラス	Economy Full Flex（海外発券）	1,200		
	バンクーバー～羽田	エコノミークラス	Economy Full Flex（海外発券）	10,162		※2
	成田～クアラルンプール	普通席	Economy Full Flex（海外発券）	10,834		※2
2023年10月	石垣～羽田	普通席	ANA VALUE 3	3,460	7.7円	

※1　伊丹・関西プレミアムポイントキャンペーン含む　※2　国際線プレミアムポイント2倍キャンペーン含む

ANAの上級会員になった理由

20代前半の頃、青年海外協力隊員（現在のJICA海外協力隊）としてスリ・ランカ民主社会主義共和国（以下、スリランカ）に派遣され、帰国後、約1年間で日本〜スリランカ間を4往復したことが上級会員に

興味を持ちはじめたきっかけでした。

協力隊として2年間の任期を終えたとき、個人的にボランティアとして再びスリランカで活動することを決めていたので、帰国時にはスリランカ〜日本の往復チケット、いわゆる海外発券での航空券を購入しました。その航空券はシンガポール航空の

ビジネスクラスで、確か1年オープンで14万円ほどでした。

1年間4往復のシンガポール航空の上位クラスでのフライトは格別で、ファーストクラスでのトランジット時には5つ星ホテルとタクシーの空港送迎が付き、誕生日にはシンガポール航空から自宅に電話とプレゼン

マニラ→クアラルンプール→プーケットと飛んだホリデイインリゾートプーケット。パトン地区の中心に建ち、買物、食事、観光はもちろんホテルライフも快適です。

トが届くほど豪華だったことを覚えています。

そして30代半ばになり、インターコンチネンタルホテルグループでの宿泊や飛行機に搭乗する機会が増えたことから、ANAのスーパーフライヤーズ会員獲得に至りました。

スーパーフライヤーズ会員を目ざす修行では、プレミアムポイントの単価ばかりを気にして、修行僧に人気の羽田〜那覇路線を頻繁に飛んでいたことを覚えています。

私がなぜANAに興味を持ったかというと、まず第一にスターアライアンスグループであることです。アジアを中心に旅行をしていたことから、タイ国際航空、シンガポール航空、エバー航空、アシアナ航空がグループにあることは魅力的でした。そして二つ目の理由はANAのコーポレートカラー、トリトンブルーとモヒカンブルーの青色です。私のなかで青色は、海や空など

韓国旅行時には必ず立ち寄るケンタッキーフライドチキン。クリスピーかつ脂っこさを感じない美味です。英語表記での注文とクレジットカードでの決済が可能です。

広大で爽やかなイメージがあり、私自身を落ち着かせてくれます。そして最後はANAのホスピタリティです。このホスピタリティがANAを好きな最大の要因かもしれません。

沖縄の北谷を旅行していたある日のこと、立っていることも困難なほどの回転性のめまいに襲われてしまいました。しかも、その日は那覇〜羽田便で戻らなければなりませんでした。

激しいめまいと嘔吐が続くなか、那覇空港にたどり着きましたが、チェックインカウンターに行くことが精いっぱいの状況でした。そのことを地上係員の方に伝えたところ、搭乗時刻まで空港内の医務室のベッドで休むことを提案してくださいました。

その後も症状は治まりませんでしたが、搭乗時刻が近づいていたため、なんとか保安検査場を通過して搭乗口に向かい、航空券をかざしたところアラーム音が鳴り、地上係員の方が「具合はいかがですか？搭乗できますか？」とお声がけくださいました。そして機内に入っても客室乗務員さんがやさしく声をかけてくださったことを今でも覚えています。

その後、数日で症状は治まりましたが、

親切に対応してくださったANAスタッフの皆さんの見事な連携とホスピタリティには本当に感謝しきりで、回復後に改めてANAにお礼の連絡をさせていただきました。

思い出深いロサンゼルス便

2022年8月下旬、仕事でロサンゼルスに行くことになり、ANAの成田〜ロサンゼルス便を利用しました。航空券はエコノミークラスですが、アップグレードポイントを利用してビジネスクラスに搭乗することができました。ビジネスクラスにアップグレードできない運賃もありますが、アップグレードできる運賃では空席待ちの確保ができます。アップグレードは空席状況、会員ステイタスと運賃種別などで優先度が決まり、今回はダイヤモンド会員のステイタスがアップグレードによるビジネスクラス降臨に影響したと思われます。

この成田〜ロサンゼルス間のフライトでは、担当してくださった客室乗務員さんのサービスが大変心地よく快適だったので、感謝の言葉を名刺に記し、サンクスカードとしてその客室乗務員さんにお渡ししました。その後、その客室乗務員さんからは、「温かいお言葉ありがとうございます。乗

ANAの成田〜ロサンゼルス線のビジネスクラス機内食です。アップグレードポイントを利用してビジネスクラスにアップグレードしました。機内とは思えない配膳、最高です。

シアトルのルーメン・フィールド。NFLシアトル・シーホークスのホームスタジア
ムで、隣にはMLBシアトル・マリナーズの本拠地T-モバイル・パークがあります。

務員みんながうれしいね！　といっていま
す」と、心温まるお言葉をいただきそのフ
ライトが最高なものとなりました。

　この機内での思い出を胸に、2023年も
NFLシアトル・シーホークスの開幕戦を観
るために渡米した際に、同じNH006便を利
用しました。こちらもアップグレードポイン
ト利用によるビジネスクラス空席待ちから、
2週間前にビジネスクラスが降臨して、ア
ップグレードに成功しています。しかし、前
回機内で会った客室乗務員さんには残念な
がら巡り合うことができませんでした。その
方は乗務の多くがロス便だということだった
ので少し期待していたのですが……。

海外発券をフル活用

　2023年度ダイヤモンドステイタスのた
めのプレミアムポイント獲得は、海外発券
による運賃が多くありました。「海外発券」
という言葉は、なんとなく聞いたことがある

という人が多いかもしれません。「海外発
券」とは言葉のとおり、日本以外の海外で、
海外発着の航空券を買うことです。往復
の航空券を海外発券で購入した場合、日
本にいる間は復路の航空券（片道分）が手
元にある状態となります。

　海外発券のデメリットとしては、海外発
券をする地点まで行くための片道航空券を
別途用意しなくてはならないこと、また海
外発券を止める際にも、海外から日本まで
戻るまでの片道航空券を確保しなければ
ならないことです。しかし、これらのデメリ
ットよりメリットのほうが大きいため、私は
海外発券をよく利用しています。

　では、実際の海外発券の旅程を見てみ
ましょう。P.33に掲載した「達成条件まで
の道のり」の2023年5月ソウル（金浦）～
羽田で説明すると、まずソウル（金浦）に行
くまでの片道航空券を別途準備します。ソ
ウルへは多くのLCCが飛んでいるので、

LCCを利用すれば数千円でソウルまで行くことができます。今回、実際に購入した航空券はソウル（金浦）～羽田、羽田～石垣、石垣～羽田、羽田～ソウル（金浦）の4区間で、ソウル（金浦）～羽田往復はビジネスクラス、加えて羽田～石垣往復の2区間もつけて総額8万7096円です。この旅程では日本国内線をつけないビジネスクラスでのソウル～羽田の単純往復が確か7万円ほどで、1万円程度のプラスで羽田～石垣間の積算率100％の国内線区間をつけることができました。

　一覧には記載していませんが、実際のフライトは5月29日ソウル（金浦）～羽田、6月10日羽田～石垣、6月12日石垣～羽田、6月25日羽田～ソウル（金浦）と、5月29日に帰国、2週間後の週末を利用して石垣に旅行、そして6月下旬に再びソウルを訪問というように連続した日程ではありません。ビジネスクラスでのソウル往復と石垣往復の合計4区間で約8万7000円と考えると、とても安価な設定といえます。

　次に2023年8月のクアラルンプール発券も見てみましょう。2023年のゴールデンウィークにマニラで海外発券をして往路として日本に帰国、ここでもソウル路線と同様に羽田～石垣間の国内線をつけ、復

タイ料理のソムタム（青パパイヤのサラダ）。パパイヤ、干しエビ、ナンプラー、唐辛子の相性が最高においしい！　しかし、海外でのサラダ（非加熱）は要注意です。

路で8月にマニラに飛びました。マニラからはLCC（約1万円程度）の航空券を購入してクアラルンプールに行き、クアラルンプール発、海外発券の航空券を購入しました。この旅程ではクアラルンプールの往復に国内路線を加えませんでした。9月にNFL開幕戦の観戦のためシアトルを訪れることを予定していたため、成田～ロサンゼルス間の北米路線を加えた旅程となっています。この航空券の代金は26万9650円、額面だけ見ると高いと感じるかもしれません。

　しかし、航空券が高いお盆の時期にアップグレードしたビジネスクラスでクアラルンプールに渡航でき、また日本から北米往復もアップグレードされてビジネスクラス、そして年末に再びクアラルンプールへ渡航。

成田空港国際線ANA SUITE LOUNGEでの食事です。とくに国際線での利用は混雑することもなく、落ち着いた雰囲気でぜいたくな時間をすごせます。

この3旅程8区間を合わせて約27万円は驚くほど安価です。また、この旅程で獲得できる総マイルは3万2948マイル。これを交換率1.7倍でANA SKYコインに交換すると5万6011円分のANA SKYコインを獲得することもできます。

今回、幸運にも「国際線プレミアムポイント2倍キャンペーン」と重なり、驚異のポイント単価5.7円を記録することができましたが、通常期でもポイント単価10.4円と、マレーシア発の海外発券での北米路線はお得感が強いと実感することができました。

最後に、2023年度のダイヤモンドステイタス獲得には、約85万円かかっていますが、同時に8万6242マイルを獲得して、このマイルはANA SKYコインに換算すると約14.6万円分となります。キャンペーンにもよりますが、運がよければ実質約70万円でダイヤモンドステイタスを獲得することができます。

上級会員 Q&A
沖田さんに聞いてみました！

Question
上級会員になることを思い立ったきっかけを教えてください

Answer
20代の頃、海外在住から帰国するときに、海外発券でシンガポール航空のファーストクラスを利用したことが上位クラスの味を覚えたきっかけです。とくに海外発券ではリーズナブルな価格で日程が変更できるチケットも多く、上位クラスも日本発券と比較すると安価で入手可能です。もともと飛行機を利用して旅行することが好きだったので、40代になり時間的にも余裕ができたことから快適さを求め上級会員を目ざしました。

Question
ポイントを貯めた時期を振り返り、「今思うとこうしておけばよかった」と思うことはありますか？

Answer
旅行計画が遅くなると、12月にあわてて修行することになるので、10月ぐらいまでに余裕をもってポイント計算をすることがよいと思います。

Question
上級会員になってよかったことがあれば教えてください

Answer
上位クラスへのアップグレードとラウンジの利用です。アップグレードは航空券の運賃（種別）によってもその可否がありますが、アップグレード可能なチケットの場合、会員種別のなかではダイヤモンド会員が最優先されます。私自身、身体が少し大きいため、上位クラスを利用することが多く、とくに国際線のビジネスクラスは快適です。また、出発前にラウンジが利用できることは便利です。

Question
これから上級会員資格を取得しようか迷っている人にアドバイスをお願いします

Answer
現行のスーパーフライヤーズ会員は、該当クレジットカードを所持している以上は、会員資格が消えることがないかと思います。年に数回でも旅行や出張でANA便を利用する方、またIHG（インターコンチネンタル、ANAクラウンプラザなど）で宿泊する方（予約状況によって朝食無料や各種割引などの特典が受けられる）は、スーパーフライヤーズ獲得のため、一度限りの修行をしてみてもよいのではないでしょうか？

SCENE **3**

JALに続いてANAの上級会員になったお話

頂点からまさかの転落……
諸行無常にもほどがある

✈ 松原まさゆき
MATSUBARA MASAYUKI

Profile
スポーツ用品の輸入会社を経営。
仕事柄国内外を飛びまわる毎日。
JALの上級会員にはなっていた
が、JALだけではカバーできな
い地域があるのを知ってANAの
上級会員も目ざすが……。

JAL・ANA

○ 取得したステイタスと取得年
　　JALグローバルクラブ（2018年）
　　ANAダイヤモンド（2020年）
　　ANAプラチナ（2022年）
　　ANAスーパーフライヤーズ会員（2022年）

○ ステイタス取得までの搭乗期間* 　2020年1〜7月

○ ステイタスを取得したときの年齢* 50歳

○ およその費用* 　　　　　　　約80万円

　　＊2020年のANAダイヤモンド取得時

蒲郡のパラグライダー発着場から雄大な景色を臨む。

条件達成までの道のり　2020年のANAダイヤモンド取得時

年月	区間	席種	運賃	獲得ポイント	ポイント単価
2020年1月	羽田〜新千歳	プレミアムクラス	ANA VALUE PREMIUM 3	1,675	22.5円
	新千歳〜那覇	プレミアムクラス	ANA SUPER VALUE PREMIUM 28	3,892	10.2円
	那覇〜新千歳	プレミアムクラス	ANA SUPER VALUE PREMIUM 28	3,892	10.2円
	新千歳〜那覇	プレミアムクラス	ANA SUPER VALUE PREMIUM 28	3,892	10.1円
	那覇〜羽田	プレミアムクラス	ANA SUPER VALUE PREMIUM 28	2,860	11.6円
	羽田〜新千歳	プレミアムクラス	ANA SUPER VALUE 75	1,675	10.6円 ※
2020年2月	新千歳〜富山	プレミアムクラス	ANA SUPER VALUE 75	1,632	10.9円 ※
2020年3月	羽田〜那覇	プレミアムクラス	ANA SUPER VALUE PREMIUM 28	2,860	13.4円
	那覇〜新千歳	プレミアムクラス	ANA SUPER VALUE PREMIUM 28	3,892	10.7円
	新千歳〜那覇	プレミアムクラス	ANA SUPER VALUE PREMIUM 28	3,892	10.7円
	那覇〜羽田	プレミアムクラス	ANA SUPER VALUE PREMIUM 28	2,860	13.4円
	羽田〜那覇	プレミアムクラス	ANA SUPER VALUE PREMIUM 28	2,860	13.4円
	那覇〜新千歳	プレミアムクラス	ANA SUPER VALUE PREMIUM 28	3,892	10.7円
	新千歳〜那覇	プレミアムクラス	ANA SUPER VALUE PREMIUM 28	3,892	10.7円
	那覇〜羽田	プレミアムクラス	ANA SUPER VALUE PREMIUM 28	2,860	13.4円
	羽田〜鳥取	プレミアムクラス	ANA SUPER VALUE PREMIUM 28	1,220	15.5円
	鳥取〜羽田	プレミアムクラス	ANA SUPER VALUE PREMIUM 28	1,220	15.5円
2020年4月	鳥取〜羽田	プレミアムクラス	ANA SUPER VALUE PREMIUM 28	1,220	15.5円
2020年5月	羽田〜鳥取	プレミアムクラス	ANA SUPER VALUE PREMIUM 28	1,220	32円
	鳥取〜羽田	プレミアムクラス	ANA SUPER VALUE PREMIUM 28	1,220	32円
2020年7月	羽田〜石垣	プレミアムクラス	ANA SUPER VALUE PREMIUM 28	3,460	11.1円
	石垣〜羽田	プレミアムクラス	ANA SUPER VALUE PREMIUM 28	3,460	11.1円

プレミアムポイントはキャンペーンによる増額分は含まず　　　　　※ アップグレード

2022年のANAプラチナ取得時

年月	区間	席種	運賃
2022年8月	羽田〜那覇	プレミアムクラス	ANA SUPER VALUE PREMIUM 28
	那覇〜羽田	プレミアムクラス	ANA SUPER VALUE PREMIUM 28
	羽田〜那覇	プレミアムクラス	ANA SUPER VALUE PREMIUM 28
	那覇〜羽田	プレミアムクラス	ANA SUPER VALUE PREMIUM 28
	羽田〜那覇	プレミアムクラス	ANA SUPER VALUE PREMIUM 28
	那覇〜羽田	プレミアムクラス	ANA SUPER VALUE PREMIUM 28
2022年10月	羽田〜富山	普通席	ANA SUPER VALUE 28
	富山〜羽田	普通席	ANA SUPER VALUE 28
	羽田〜那覇	プレミアムクラス	ANA SUPER VALUE PREMIUM 28
	那覇〜羽田	プレミアムクラス	ANA SUPER VALUE PREMIUM 28
	羽田〜鳥取	プレミアムクラス	ANA SUPER VALUE PREMIUM 28
	鳥取〜羽田	プレミアムクラス	ANA SUPER VALUE PREMIUM 28

きっかけは悪魔のささやき

　毎年、仕事で海外への出張がある。ジュネーブ空港からレンタカーを借りて現地法人に行ってミーティングをして帰国する。わりとお気楽な一人旅といった感じなのだけど、弾丸出張なので現地で遊んでいる暇がないのが唯一の難点。遊ぶ気がないわけではないが、スイスの物価はとても高く、遊べばお金がかかってしまうのだから断念せざるを得ない。

　よく現地のセールスマネージャーに「お願いだから2週間は滞在して観光してほしい」といわれる。それはそうだ。自国のよ

台湾南部の屏東にて。朝のジョギングで日本の統治時代の製紙工場跡地まで。

上・屏東（ピントン）郊外にある壁画／右・台湾で本格的なタンパオに舌鼓を打つ。

いスポットを観てほしいと思うのはあたり前のこと。日本人はせわしなく旅行して帰るものだと印象づけていることは否めない。

　けれどこの弾丸出張も利点が一つだけある。あっという間に行って帰ってくるので時差ぼけにならない。

　こんな感じの出張なので、出張期間中は空港や機内ですごす時間のほうが圧倒的に長いともいえる。そんなジブンの事情を知って気の毒に思ったのか？　カモと思ったのか？

「上級会員になりませんか？」

　上級会員ホルダーの友人がささやいた。この一言がすべてのはじまりであった。

　上級会員？　空港のラウンジ？　なんとなーく聞いたことがあるような、ないような。彼は上級会員のメリットを連ね上げ、今修行をしないのはもったいないといわんばかりにジブンを説き伏せ、数分後にはどのように取得するかのレクチャーとなった。

人は嘆かわしい生き物

　そして2018年、JALのサファイアを取得してJALグローバルクラブに入会した。晴れて上級会員への仲間入りを果たし、出張中もラウンジで優雅においしいコーヒーを飲みながらすごすことができるようになった。搭乗ゲートの前で膝上にノートパソコンを載せ、電源もなく、とても作業づらい状況で仕事に追われていたあの頃が冗談に思える。

　JALの上級会員の味を知ってしまってからは、専用チェックインやラウンジの利用、優先搭乗はもちろんのこと、預けられる手荷物の重量や個数が多かったり、到着空港で早く受け取れたりと、盛りだくさんの

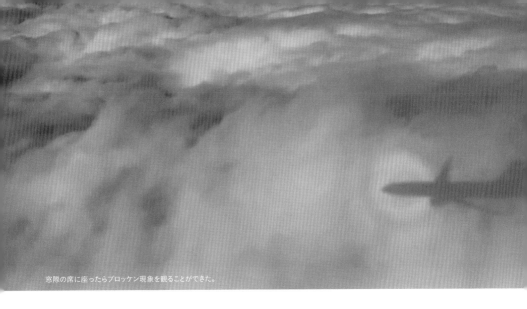

メリットにこっそり優越感に浸っていた。

そうなってくるとそのメリットを享受できない飛行機の旅などあり得ない。

人間とはなんとも嘆かわしい生き物である。たとえば年に数回ある、鳥取砂丘や富山県への飛行機での出張は、ジブンには耐え難く言いようのない苦痛をともなうようになった。知らない頃はなんとも感じなかったのに……飛行機に乗れるだけで楽しかったはずなのに……。そうANA便しか就航していない路線では、JALのステイタスはなんの効力も発揮しないのだ。

そのことを2019年の暮れに件の友人に愚痴ってみた。

「ウフフ……堕落しちゃいましたね。仕方ありません。ではANAも上級会員になってしまいましょう」

これは天使のざわめきなのか？ 悪魔のささやきなのか？

「まずはANAワイドゴールドカードを取得しましょう。マイルがちょっとだけお得です」

お得と聞いて、断る理由が見つかるわけもなく、いわれるままにカードを申し込んだ。

しかしこのことが、後に起こる大きな落とし穴になるとは……このときは気がつくはずもなかった。

棚ぼたでダイヤモンドに

そして2020年に入ると1月からプレミアムクラスで羽田→札幌→那覇→札幌→那覇→羽田というような無茶なフライトを重ねていった。事故や欠航にあうこともなく、順調に乗り続けた。

5月の時点で予約上はプラチナの条件に達し、スーパーフライヤーズ会員になれることが確定した。そんなとき、突然ANAからサプライズが発表された。プレミアムポイント2倍キャンペーンだ。コロナの影響で飛行機に乗る人が激減し、航空会社も苦肉の策でなんとか乗客を掴みたいのだろう。このキャンペーンにより、プラチナを飛び越えてダイヤモンドに到達することになったのだった。

キャンペーンがあるなら半分の予算でプラチナに到達できたのになぁと思うも、ダイヤモンド専用ラウンジを使える優越感は

上・わずかな那覇滞在ではあるが、ゆいレールに乗っておいしいご飯を食べに。行列店だけあってとてもおいしい沖縄そばだった／下・国際線のANAのラウンジではカレーを食べることもできる。

半端ない。JALの上級会員になったときも思ったが、ANAの上級会員取得も楽しく、飛行機三昧のよい年になったと感じていた。ジブンは空を飛ぶこと自体が好きなのだ。

この後に起こる事件に至るまでは……。

よもやよもやの事態が……

時は流れ2022年初夏のこと。件の友人とANA便を利用して九州の離島へ行くことになった。

羽田空港に着き、いそいそとダイヤモンド専用ラウンジに向かうも、入ることはできないと断られてしまった。意味がわからないながらも、棚から牡丹餅で取得したダイヤモンドだ。なにかあって普通のラウンジしか使うことができないのだなと納得しながら、階下の通常のラウンジに行くもそこでも入室を断られた。

急ぎの仕事をラウンジで片づけようと考えていたのでめちゃくちゃ焦る。なんのことだかわからないし、とにかくラウンジで仕事がしたいのでお金を払って入場し仕事を終わらせた。

そして目的地の空港で友人と合流して事情を説明する。

「松原さんのダイヤモンドのステイタスは2022年3月までなのでダイヤモンド専用ラウンジには入れません」

え？　そうなの？

「でも、スーパーフライヤーズ会員になっているのに普通のラウンジに入室できないのは……。スーパーフライヤーズカードを見せてもらえますか？」

自信満々に自慢のカードを見せたとき、彼の顔が引きつりはじめた。このときのことをジブンは忘れることはないだろう。

もうお気づきの方もいるかもしれない。ジブンが彼に手渡したのはANAのワイドゴールドカード。最初にANAのワイドゴールドカードを取得したことで、なぜか「スーパーフライヤーズカード申請は済んでいる」と思い込んでしまい、ダイヤモンド在位中にスーパーフライヤーズカードを取得することをすっかり失念していたのである。

そう、ワイドゴールドカードがスーパー

富山では豪華な新鮮おさかな三昧。

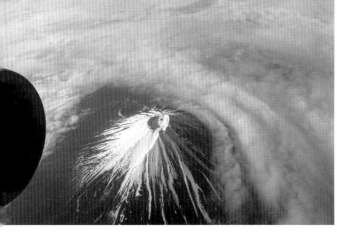

富士山を特等席から見ることができる幸せ。飛行機に乗っていてよかったと実感できる瞬間だ。

沖縄便のときにご合席させていただいたご存じジェダイマスターのヨーダ様。

フライヤーズカードに自動で書き換わることはないのだ。JALのときはサファイアになってすぐにJALグローバルクラブ入会を申し込んでいたのに……。

ダイヤモンドとはいわない。せめてスーパーフライヤーズ会員にならせてと願い、その場でANAのサポートデスクに電話をするも「また頑張ってくださいね♪」とかるーくあしらわれてしまった。

事実を、現実を突きつけられた。

ダイヤモンドを取得するのに要したのはおよそ80万円。離島の旅行中、友人はことあるごとに「80万円が水の泡！ ダイヤから一気に平民！ クスクスぷっゲラ」とジブンの起こした失態を笑い続けた。

旅行を楽しんだうえでの出費なのだから、全部無駄だったとは思わない。けれど当初手に入れたと思っていたものがなくなってしまったのだ。

そしてジブンは誓うことになる。「もう決してANAには乗らない！」と。

やってきたリベンジの機会

だがしかし、そんな思いも簡単に覆ることになる。

離島から戻ってきて間もなく、件の友人からまたも悪魔のささやきが。

「ANAがプレミアムポイント2倍キャンペーンを8月から開始します。8月から12月までプレミアムクラスで5回ほど那覇まで往復すれば返り咲けますよ」

今まで行った修行のなかで、もっとも簡単なタスクだ。だって通常の半分で上級会員になれるのだから。

ジブンの仕事やタイミングを考えると、このチャンスを逃すともう後はないだろう。なんとも簡単に覆るANA不乗の誓い。目の前にニンジンがあったら喰らいついてしまう残念な性分なのだ。

今までは現地で宿泊し、レンタカーを借りて観光をしたりしていたが、今回はシンプルに上級会員だけを目ざすことにした。だってもうかなりお金を使っているのだから。

予約にしても慣れたモノだ。キャンペーン発令とともに、サクサクと羽田〜那覇4往復分に加え、確定していた鳥取出張のプレミアムクラスを予約完了した。なお、2022年はいわばチートでのプラチナ達成なので、P.41の「条件達成までの道のり」の詳細は2020年のダイヤモンド到達時の

ものとした。

いわゆる「タッチ」も2回ほど経験する。那覇空港から一歩も出ることなく、羽田行きの飛行機に乗ってとんぼ返りする。朝イチに羽田空港を出発し、那覇空港で帰りの便に乗り、お昼すぎには羽田に戻っている。お土産も空港内で購入したお菓子等々だ。

普通の人からすれば、タッチなんて頭のオカシイ人の行動以外のなにものでもない。さすがに全部タッチで終わらせるのも芸がないと、ゆいレールに乗って沖縄そばを食べに出かけてみたりした。それでも宿泊することなく午後便で羽田行きに乗って帰るという節約の徹底ぶりだ。

今考えると、2018年のJAL修行で首里城に行っておいてよかったと思った。まさか火事で消失しようとは誰も思わない。前回の修行で沖縄本島の観光をし尽くしてしまっていたので、今回は本当に飛行機に乗るだけの修行だ。

興味があるならやらないか？

ラストフライトは10月の鳥取コナン空港。残念なことが一つだけあった。そう。鳥取コナン空港にはラウンジがないのである。あるのはスタバならぬ、すなば珈琲。どう

フランスのサンチレールで毎年開催される世界最大のスカイスポーツイベント「イカロスカップ」の様子。

しても空港内で時間を持て余してしまうので、屋上に上がって滑走路の向こうに広がる日本海を見つめてみた。

「これで修行は完全に終わるんだ……」

コロナ禍のこの頃、羽田〜鳥取便は減便に減便を重ね、1日5便あった鳥取便はついに1日1便だけとなっていた。

日本中、いや世界中で広がる閉塞感。どうすることもできない。

この日、滑走路を進む機内から見た光景は一生忘れることがないだろう。

空港職員が総出で羽田へ向かう飛行機に手を振っている。少し切なく、なんとも言い難い気持ちがこみあげてくる。こんな想いはもう二度と経験することはないかもしれない。

無駄に飛行機に乗っている訳ではあるけれど、無駄なことなどじつはなにもなく、こうしてスーパーフライヤーズと印刷されたクレジットカードが手元にある。

ジブンの失敗から、さらに多くの飛行機に乗ることになったのだけれど、やっぱり飛行機で行く旅は愉しく、思い出深いものなのだ。

空港を使うときはゆっくりとラウンジですごすことができて、荷物には「PRIORITY」のタグがつけられて、ほんの少しの優越感。

上級会員になる前とくらべると空港ですごす時間が増えた。だってコーヒーや飲み物、おつまみがある。国際線に至ってはおいしいご飯だって食べられるのだ。

時間とお金に少し余裕があって、旅行が好きだったら、ぜひとも上級会員を目ざすことをおすすめしたい。

飛行機に乗るためだけの空港が、ラグジュアリーな旅行を演出してくれるステキな空間になるのだから。

神々しくそびえるヨーロッパ最高峰のモンブラン。

上級会員 Q&A

松原さんに聞いてみました！

Question

上級会員になることを思い立った
きっかけを教えてください

Answer

ラウンジが使いたかったから。電源が完備された落ち着いて仕事ができる環境がほしかったので。「それなら上級会員になりませんか？」この友人のささやきがすべてのはじまりであった。

Question

ポイントを貯めた時期を振り返り、
「今思うとこうしておけばよかった」と
思うことはありますか？

Answer

2022年はいわゆるタッチも経験したが、テーマは「旅行を楽しみながら上級会員になる」こと。そのとおりになったので満足している。ただ、訪れる空港が偏り気味になってしまったことは否めない。

Question

上級会員になって
よかったことがあれば教えてください

Answer

第一に空港でラウンジが使えるようになったこと。それまで空港では忍耐を強いられていたが、上級会員になってからは充実の時間にかえることができた。仕事柄、荷物が多いので、預け荷物の優遇にも助けられている。

Question

これから上級会員資格を取得しようか
迷っている人にアドバイスをお願いします

Answer

旅行することが好きで、飛行機に乗る機会がそれなりにあるのなら、上級会員を目ざすことをおすすめしたい。空港での待ち時間がステキな時間になるのだから。一度、上級会員になってしまうと、その恩恵のない空旅は耐え難いものになってしまう。

SCENE **4**

幸運にも業務で上級会員資格を獲得

目ざそう スーパーフライヤーズ会員
プライベートでも空旅が快適に

✈ 菊池隆幸
KIKUCHI TAKAYUKI

ANA

Profile
大手エネルギー関連会社に勤める普通の会社員。業務で海外出張を重ねるうちにANAのダイヤモンドになってしまった。現在は中国地方に単身赴任中で、週末は趣味の旅行を楽しんでいる。

○ 取得したステイタスと取得年
　ANAダイヤモンド（2013〜2015年）
　ANAスーパーフライヤーズ会員（2016年）

○ ステイタス取得までの搭乗期間*　2013年4〜12月

○ ステイタスを取得したときの年齢*　42歳

○ およその費用*　　　　　　会社手配につき不明

＊2013年のANAダイヤモンド取得時

ミャンマーでは出張ついでにパゴダが林立する絶景を楽しんできた。とくに夕焼けの風景は素晴らしいの一言

出張で訪れたシンガポール。ライトアップされたマリーナベイ・サンズの美しさは格別

気づけばダイヤモンドに

「ANAのスーパーフライヤーズ会員です」というと、よく「どのくらい修行したんですか?」と聞かれます。最初は「修行」がなんのことかわからなかったのですが、「上級会員」になるために、とくに用事がなくても飛行機にたくさん乗る人たちのことを「修行僧」と呼ぶそうですね。

そのような方々にはとても申し訳ありませんが、私は大手エネルギー関連の会社で働いていることもあり、業務で海外への出張が多く、とくに意識しないうちに会社の経費でANAの上級会員になっていたというのが実際のところです。航空券は会社のほうで手配してくれたので、航空券の記録は残っておりません。

私が最初にANAの上級会員の資格を取得したのは2013年のこと。きっかけは、その前年に海外での資源開発を担当する部署に異動になり、頻繁に東南アジア方面へ出張するようになったことです。

ミャンマーは2012年に軍政から民政に移行して政情が落ち着きました。そこで展開していたビジネスの担当になったことで、頻繁にミャンマーを訪れるようになったのです。ANAがヤンゴンへの直行便を飛ばしはじめたこともあり、自然とANAを利用する機会が増えていきました。

シンガポールにも数回、やはり仕事で行きましたが、そのときも慣れた航空会社ということでANAを選んでいました。当時は会社の景気がよかったので全部ビジネスクラス、しかも正規運賃での往復です。そのためか、すごい勢いでマイルもプレミアムポイントも貯まっていきました。

とはいえ、当時はプレミアムポイントのことを意識したことはほとんどありませんでした。「プレミアムポイント? マイルとは違うの?」という認識でした。

そして2013年はアメリカへの出張回数も増え、相変わらずマイルもプレミアムポイントも貯まっていきました。

そうこうしているうちに、自分自身では意識することなく、あれよあれよという間にブロンズ、プラチナ、そして最終的にダイヤモンド会員と、ANAの上級会員への道を上り詰めたというわけです。

ステイタスのことを初めて意識したのは、ANA SUITE LOUNGEに入れるダイヤモンド会員になってからです。それまでもANA LOUNGEを利用したことはありましたが、ファーストクラス搭乗客およびダイヤモンド会員のみが利用できるANA SUITE

LOUNGEでの体験は格別でした。

　羽田のANA SUITE LOUNGEは入り口に係の人が立っていて、しっかりとステイタスカードと搭乗券を確認されます。そしてなかに入っていくと、そこにいるのは明らかに会社の社長やオーナーといった雰囲気の人ばかり。「なんだ、ここは？」という印象でした。私は普通の会社員ですが、「自分は選ばれた人間なのだ」という錯覚に陥いるのも止むを得ないでしょう。

　シートの横でかしずくスタッフから「なにかお飲み物をお持ちしましょうか？」と尋ねられた私は、アルコールがあまり強くないので、いつもの調子で「オレンジジュース！」と答えてしまいましたが、ここはやはり「シャンパンを一杯……」とお願いしたほうがよかったかなと、今でも少し残念な気持ちです。

ラウンジ利用が最大のメリット

　私にとって上級会員のメリットは、なんといっても海外の空港でラウンジを利用できることです。といっても、豪華なラウンジをいくつもまわる、というマニアックな楽しみ方ではありません。

　上級会員になる以前は、海外出張の際、大きな問題がありました。

　目的地への直行便がない場合、もちろん乗り継ぎをすることになりますが、乗継便がエコノミークラスだとラウンジは使えません。海外の空港は喉がかわいていても自販機がなかったり、売店があっても現地の通貨がないために飲み物を買えないことがしばしば。さらにゆったりと体を休めるスペースもありませんでした。出発ゲートの椅子などでは落ち着けませんから。

　深夜便で日本を出て、夜中に経由地に着いて、朝方に目的地に向かう場合など、上級会員でなかった頃は本当に苦労しました。目的地に着いたときには相当に疲弊しているにもかかわらず、そのまま会議に臨む、ということも普通にありました。

　そのような状況だったので、上級会員になりラウンジを利用できるようになってからは天と地ほどの差があります。飲み物は自由に飲めるし、ゆったりした椅子で体を休めることもできるし、電源やWi-Fiもあるからパソコンで仕事もできます。

　いろいろな航空会社のラウンジ巡りをしたり、夜便利用なのに午前中から空港に行ってラウンジでビュッフェやドリンクを楽しんだりしている上級会員の方のなかには、「○○航空のラウンジの食事はおいしくない」などと不満に感じる方も多いようです。でも私の場合、ラウンジはあくまでも体を休めて仕事に向かう体力を回復する場だったので、食べ物がおいしくなくてもなんの

ペトロナスツインタワーと並んでクアラルンプールのランドマークとなっているクアラルンプール・タワー。通信塔としては世界4位の高さを誇る。

左・マレーシアも出張で訪れた。出張先の企業がペトロナスツインタワー内にあったため、スカイブリッジにご招待してもらえたのはいい思い出／右・マレーシアのバトゥ洞窟はヒンズー教の聖地。272段の階段を上りきると巨大な洞窟が現れる。クアラルンプール中心部より車で約1時間と訪れやすい。

問題もありません。そもそも、おいしいものを食べたければ、空港のラウンジではなく、レストランに行くべきではないかと思いますし……。

スーパーフライヤーズ会員へ

　2年間ほどこのようなペースでビジネスクラスでの出張が続いていたのですが、2015年に会社から「経費削減」の厳命がくだり、管理職を除いてビジネスクラスでの出張は原則禁止。飛行機はエコノミークラス利用となってしまいました。

　そもそもビジネスクラスの利用でステイタスを維持していたのですから、エコノミークラスではポイント不足になる可能性が高く、そうなると上級会員の資格を失ってラウンジが使えなくなってしまいます。シートのランクが下がっても出張の回数が減るわけではなく、このままではまた深夜の空港で路頭に迷うことになります。かといって、エコノミークラスとの差額を自己負担してビジネスクラスに乗るのも現実的ではないでしょう。

　どうしたものかと思っていたところ、同じような立場の同僚がいたことを思い出しました。彼は直行便のないアメリカ南部への

出張が多く、経由地でラウンジが使えなくなることは大きな問題になるはずです。そこで彼に相談してみたところ、

「僕はSFCに入ったよ」

　という答えが返ってきました。

「SFC?」

「そう、ANAのスーパーフライヤーズカード。略してSFC。クレジットカードの年会費を払っていれば、ずっとプラチナと同等の資格が維持できるんだよ」

「初耳だよ。どうしたら入れるの?」

「今、菊池くんのANAのステイタスはなに?　プラチナ以上の会員だったら問題なく入れるよ。使えるラウンジの種類が違ったりとダイヤモンド会員よりサービスの内容は落ちてしまうけど、仕事で使うんだから全然問題ない」

「年会費ってどのくらいかな?　やはりラウンジを使えるんだから、それなりの値段だよね?」

「いや、クレジットカードの種類にもよるけど1万円ほどから入れるよ。これからも出張はあるんだから、絶対に入っておいたほうがいい。しかし、会社もケチだよなあ。仕事で飛行機を使うのに、ビジネスクラスじゃないってどういう……」

同僚はいろいろと会社への不平不満を漏らしてましたが、私は相槌を打ちながらも、ほとんど彼の話は聞いていませんでした。

スーパーフライヤーズカード……そんな手があったのか。さっそく私が入会の手続きを進めたのはいうまでもありません。

それから数年が経ち、私は海外出張の機会がほとんどない部署に異動になりましたが、もちろんスーパーフライヤーズ会員です。プライベートで飛行機を利用するときも、ラウンジが使えるのはやはり便利だということが理由の一つです。

現在は中国地方の工場に単身赴任しているのですが、1ヶ月に1回は関東の自宅にANA便で帰ってくるので、その際にラウンジを利用しています。カード会社のラウンジももちろん使えますが、ANA SUITE LOUNGEではなくANA LOUNGEでも、ANAのラウンジに足を踏み入れたときに感じる、ちょっとした「選ばれた人」という感覚はなかなか捨てがたいものがあります。

もちろんかつて利用していたANA SUITE LOUNGEよりはサービスの質は落ちるのですがそれでも快適です。

それを思うと、百万円近くものお金をかけて上級会員になろうという人の気持ちがわからないでもありません。個人的には、とても自費でそこまでやろうという気にはなりませんが、会社のお金とはいえせっかく獲得したステイタスなので、わずかな年会費で維持できるのであれば維持したほうがいいというところでしょうか。

夢のファーストクラスを体験！

数年前まではたまにですが海外に出張に行くこともあり、そのときに上級会員でよかったと思ったことがあります。

その一つがエコノミークラスからプレミアムエコノミークラスへの無料アップグレードです。かつてANAの上級会員は搭乗手続きの際にプレミアムエコノミークラスに空席がある場合は、無料でエコノミーク

台北観光のハイライトの一つ、忠烈祠。メインイベントである衛兵交代は必見。

左から／2023年はプライベートで台湾へ。ANAを利用してスーパーフライヤーズ会員としてサービスを享受した。台北101も訪れてみた／MRTに乗って北投温泉へ。もっとも歴史が古いとされる瀧乃湯で入浴したがお湯がとても熱い！／猫空ではロープウェイで空中散歩。眼下に広がる絶景に心が癒された。名物の鉄観音茶も堪能。

ラスからアップグレードできました。

　当時、プレミアムエコノミークラスの料金はエコノミークラスよりもかなり高く、かといってシートや機内でのサービスを総合的に考えるとビジネスクラスには遠く及ばないという、満足度を考えるとなんとも中途半端な価格設定でした。だったらエコノミークラスで我慢するか、あるいは少し無理をしてビジネスクラスを選ぶという人が多かったのか、空席が目立っていたんです。そのためアップグレードのリクエストを入れるとかなりの確率でアップグレードすることができて快適な出張ができたのです。残念ながらこのサービスは2020年頃に終了となりました。

　アップグレードといえばこんなこともありました。「経費削減」指令後も上司と一緒にニューヨークに出張した際にはビジネスクラスを使えたのですが、そのときにはダイヤモンド時代から貯まりに貯まっていたマイルのおかげで夢のファーストクラスにアップグレードすることができたのです。

　それはもう快適で、前席ははるか遠くで足は伸ばし放題。モニターのサイズも32インチはあったのではないでしょうか。このときばかりはウェルカムドリンクでシャンパンをオーダーしました。あとで飛行機旅行に詳しい友人に話したところ「それはすごい銘柄のシャンパンだよ！　ラッキーだったね！」とうらやましがられました。

　さらにこのときのファーストクラスは空席があり、そちらにベッドメイクをしてくれたので、寝るときには身一つで席を移動するだけ。自分のシートはそのままに、まるで自分専用のベッドルームができたような心地よさです。

　羽田からニューヨークへの、およそ12時間ほどのフライトでしたが、あまりの快適さに飛行機から降りるのが本当に残念でなりませんでした。上司のお供でビジネスクラスを使えたからこそのことだったので、ちょっと上司には申し訳ない気もしましたが、まさに上級会員様々です。

　また、ヒューストン空港のラウンジでは、たまたま同じ便で日本に行くというテキサス州知事を紹介されたことがあります。その

出張ではインドネシアに行ったことも。こちらは世界遺産に登録されているボロブドゥール寺院遺跡群。ジョグジャカルタの郊外にある。

知事はアメリカ大統領選の候補者にもなった人でした。このとき私はエコノミークラス利用だったのですが、偶然とはいえそのような人と会えたのも、ラウンジを利用できる上級会員の賜物です。

国際線だけでなく、国内線でもおそらく上級会員だからだろうというサービスを受けたこともあります。

月イチでの帰省の際、ANA便を利用したときのこと。横3列にしっかりと乗客がいて窮屈な思いをしていたとき、たまたま私の前の列にキャンセルが出たようで、3列がまるまる空席になったのです。するとCAさんが私のところにきて「菊池様、よろしければ前のお席にどうぞ」といってくれたのです。そそくさと席を移り、3席分を独り占めしました。国内線なのでせいぜい1時間程度のことですが、狭いところに押し込められているよりは、肉体的にも精神的にもストレスがありませんよね。

こうして改めて考えてみると、上級会員でいることは、空旅において相当メリット

のあることだと思います。なにしろ、おそらく今では200万円くらいはすると思われるニューヨーク便のファーストクラスを、それよりも断然低いコストで味わうことができたのですから。

先に述べたとおり、自腹を切って上級会員を目ざすほどの気概は私にはありませんが、スーパーフライヤーズ会員でいることのメリットは充分理解しています。

もし、プラチナやダイヤモンドに到達し、スーパーフライヤーズ会員の入会資格を得た方がいたら、ぜひとも入会することをおすすめいたします。

アメリカのグランドキャニオンも訪れてみた。そのスケールの大きさにはただただ驚くばかり。

上級会員Q&A

菊池さんに聞いてみました！

Question

上級会員になることを思い立った
きっかけを教えてください

Answer

仕事で海外出張が多く、ビジネスクラスでの渡航を重ねるうちにブロンズ→プラチナ→ダイヤモンドを取得。数年はこの世の春を謳歌するものの、経費削減によって「これから出張はエコノミークラスにすべし」とのお達しが。このままではラウンジも使えなくなる……と悲観して会社の同僚に相談したところ、スーパーフライヤーズ会員の存在を知り入会しました。

Question

ポイントを貯めた時期を振り返り、
「今思うとこうしておけばよかった」と
思うことはありますか？

Answer

修行僧の皆様には申し訳ないのですが、業務出張という「受け身」で得られたステイタスなのでなにも申し上げることはできません。

Question

上級会員になって
よかったことがあれば教えてください

Answer

海外空港でのトランジットの待ち時間にラウンジが使えることが最大のメリット。搭乗ゲート前のベンチではくつろげないので。また、かつてANAで実施していた、エコノミークラスからプレミアムエコノミークラスへのアップグレードにも助けられました。

Question

これから上級会員資格を取得しようか
迷っている人にアドバイスをお願いします

Answer

もし、プラチナやダイヤモンドに到達し、スーパーフライヤーズ会員になるかどうか悩んでいる方がいらっしゃれば、入会することをおすすめいたします。スーパーフライヤーズ会員でいることのメリットは大きなものがありますから。

SCENE **5**

維持は大変だけどじつはメリットだらけ

「JALダイヤモンドから落ちないで！」 妻の懇願により資格継続を決意？

✈ 高任 寧
TAKATO YASUSHI

Profile

タイのパタヤーと沖縄をこよなく
愛するライター。ラウンジで飲む
ビールも大好き。2014年から
JALのダイヤモンド、JGCプレミ
アを継続しているが、そこには強
迫観念に近い事情があるという。

JAL・ANA

○ 取得したステイタスと取得年
　　　JALダイヤモンド（2014〜2022年）
　　　JAL JGCプレミア（2023年）
　　　ANAスーパーフライヤーズ会員（2014年）

○ ステイタス取得までの搭乗期間*　2023年2〜11月

○ ステイタスを取得したときの年齢*　57歳

○ およその費用*　　　　　　　　　約75万円

　── ＊2023年のJAL JGCプレミア取得時

A350の普通席最前列からの眺め。2022年の当日アップグレ
ード料金値上げ、2023年の新運賃制度導入によりファースト
クラスやクラスJのポイント単価が高くなったので修行は普通
席がメインに。シートの差にかかわらず機窓は平等だ。

条件達成までの道のり 2023年のJAL JGCプレミア取得時

年月	区間	席種	運賃	獲得ポイント	ポイント単価
2023年2月	羽田〜旭川	普通席	先得割引	864	16.4円
	旭川〜羽田	普通席	先得割引	864	14.2円
2023年4月	羽田〜那覇	普通席	先得割引	1,476	5.2円
	那覇〜羽田	普通席	先得割引	1,476	5.2円
	羽田〜那覇	普通席	先得割引	1,476	5.2円
	那覇〜羽田	普通席	先得割引	1,476	5.2円
	羽田〜那覇	普通席	先得割引	1,476	5.2円
	那覇〜羽田	普通席	先得割引	1,476	5.2円
	羽田〜那覇	ファーストクラス	先得割引	2,460	8円
	那覇〜羽田	普通席	先得割引	1,476	5.2円
	羽田〜那覇	普通席	往復セイバー	1,676	5.5円
	那覇〜羽田	普通席	往復セイバー	1,676	5.5円
	羽田〜那覇	普通席	往復セイバー	1,676	5.5円
	那覇〜羽田	普通席	往復セイバー	1,676	5.5円
	羽田〜那覇	普通席	往復セイバー	1,676	5.5円
	那覇〜羽田	普通席	往復セイバー	1,676	5.5円
	羽田〜石垣	普通席	プロモーション	1,224	5.7円
	石垣〜羽田	普通席	プロモーション	1,224	5.7円
	羽田〜那覇	普通席	往復セイバー	1,676	5.5円
	那覇〜羽田	普通席	往復セイバー	1,676	5.5円
	羽田〜宮古	普通席	プロモーション	1,158	6.1円
	宮古〜羽田	普通席	プロモーション	1,158	6.1円
	羽田〜那覇	普通席	往復セイバー	1,676	10.6円
2023年5月	那覇〜羽田	普通席	往復セイバー	1,676	10.6円
	羽田〜石垣	普通席	プロモーション	1,224	5.7円
	石垣〜羽田	普通席	プロモーション	1,224	5.7円
	羽田〜石垣	普通席	プロモーション	1,224	5.7円
	石垣〜羽田	普通席	プロモーション	1,224	5.7円
	羽田〜伊丹	普通席	プロモーション	280	26.2円
2023年6月	羽田〜宮古	普通席	プロモーション	1,158	6.1円
	宮古〜羽田	普通席	プロモーション	1,158	6.1円
	宮古〜羽田	普通席	プロモーション	1,158	6.1円
	羽田〜宮古	普通席	プロモーション	1,158	6.1円
	羽田〜石垣	普通席	プロモーション	1,224	5.7円
	石垣〜羽田	普通席	プロモーション	1,224	5.7円
	羽田〜石垣	普通席	プロモーション	1,224	5.7円
	石垣〜羽田	普通席	プロモーション	1,224	5.7円
	羽田〜那覇	普通席	往復セイバー	1,676	6.5円
	那覇〜石垣	普通席	往復セイバー	570	
	石垣〜那覇	普通席	往復セイバー	570	6.5円
	那覇〜羽田	普通席	往復セイバー	1,676	
	羽田〜那覇	普通席	往復セイバー	1,676	6.5円
	那覇〜石垣	普通席	往復セイバー	570	
	石垣〜那覇	普通席	往復セイバー	570	6.5円
	那覇〜羽田	普通席	往復セイバー	1,676	
2023年7月	羽田〜那覇	普通席	往復セイバー	1,676	12.6円
2023年8月	那覇〜羽田	普通席	往復セイバー	1,676	12.6円
	成田〜香港	ビジネスクラス	ビジネスエッセンシャル	2,279	
	香港〜バンコク	ビジネスクラス	ビジネスエッセンシャル	1,311	29.8円
	バンコク〜香港	ビジネスクラス	ビジネスエッセンシャル	1,311	
	香港〜成田	ビジネスクラス	ビジネスエッセンシャル	2,279	
2023年9月	羽田〜那覇	普通席	往復セイバー	1,676	11.8円
	那覇〜羽田	普通席	往復セイバー	1,676	12.4円
	羽田〜那覇	普通席	往復セイバー（乗継）	1,676	8.9円
	那覇〜宮古	普通席	往復セイバー（乗継）	466	
2023年10月	宮古〜那覇	普通席	往復セイバー（乗継）	466	8.9円
	那覇〜羽田	普通席	往復セイバー（乗継）	1,676	
2023年11月	羽田〜伊丹	普通席	セイバー	620	23.5円
	伊丹〜羽田	普通席	セイバー	620	23.5円

2倍キャンペーンの破壊力

私の仕事は好奇心旺盛な物書き。そして趣味は旅行だ。とくにタイには目がなく、コロナ期間は自粛していたものの、それ以外は年4回ほど渡航していた。国内では沖縄が大好きで、ポイント稼ぎも兼ねてほぼ毎月のように行っている。

航空会社の上級会員制度のことはかなり前から知っていた。だが、とにかく「安くて安い」が大好きという根っからの性分もあり、ポイントの貯まりにくい安い料金で乗りまくっていたため、なかなかステイタスホルダーにはなれなかった。

あれは2014年のこと。ある雑誌の企画でJALホッピングツアーに実際に搭乗して記事を書くという仕事があった。飛行機旅行を堪能し、13回ほど搭乗していたので、これなら回数でサファイアに「解脱」できるのではないかと思った。

目標の50回搭乗まであと40回あまり。どんなプランがもっとも低コストで解脱できるかと考えていた矢先、素晴らしいニュースが飛び込んできた。それが「JAL FLY ONポイント2倍キャンペーン」。なんと半年にわたってポイントが2倍になるという神キャンペーンだ。

「このキャンペーンがあるのなら、回数修行よりもポイントを貯めたほうが効率がいいのではないだろうか……」

なにしろ5万ポイントを貯めれば10万ポイントとなり、サファイアを飛び越え夢のダイヤモンドに到達するのだ。実際、ポイント2倍の効果はすさまじく、普通に仕事をして、いつものように旅行に行っていただけで、9月には無事ダイヤモンドを獲得。

JALグローバルクラブにも入会した。

ANAも同様にプレミアムポイント2倍キャンペーンをはじめたので、「なんならついでにANAの資格も取っておくか」ということでANAプラチナも取得してスーパーフライヤーズ会員に。この年にWホルダーとなったというわけだ。

その後、国内移動をともなう取材仕事が増えたこともあり、JALは毎年ダイヤモンドを維持してきた。

マイルで旅行コストを削減

もっとも、クレジットカードの年会費を払っていればいいJALグローバルクラブやANAスーパーフライヤーズ会員とは異なり、JALのダイヤモンドは毎年の搭乗実績が必要となる。さすがに2倍キャンペーンのアシストなく、出張やプライベートな旅行だけでダイヤモンドを維持することはできない。年末が近づくと不足分を補うために毎週末、羽田～那覇のフライトが必要で、年によって上下はあるものの、毎年大体50万円くらいは自腹を切っている。

そんな私の様子を見て、「飛行機の移動なんてLCCで充分!」と言い張る貧乏自慢の知人は、「なんで自分で大枚はたいてまでステイタスを維持するんだ?」と呆れ顔だ。だが、そこには自分なりのメリットがちゃんとある。

もっとも大きなメリットが、ダイヤモンドだとマイルが通常の2倍以上のペースで貯まること。数年に1回、LCCで海外に行く程度の人たちにとってはなんの得にもならないが、私のように頻繁に海外に出かけるフリークエントトラベラーにはこの恩恵は非常に大きいのだ。

たとえば私の心のふるさとであるタイの場合、年に4回ビジネスクラスで行ったとすると約100万円くらいかかる。

一方、マイルでビジネスクラス特典航空券を使う場合、閑散期なら往復6万マイルが必要となる。しかし、ダイヤモンド会員でいれば仕事だけで毎年10万マイル以上は貯められるので、ビジネスクラス2往復分はチャラ。つまり、修行で50万円を払ったとしても、本来は100万円が必要なところが50万円で済むのだから元は取れているというわけだ。ただし、特典航空券ではポイントは貯まらないのでステイタス維持にはつながらない。

仕事で利用するのが国内線メインの私ですら使い切れないほどのマイルが貯まるので、海外出張の多いダイヤモンド会員であれば、欧米をビジネスクラスで往復できるくらいのマイルは余裕で貯まるはず。

フリークエントトラベラーにとっては、まさに打ち出の小槌状態でマイルが貯まるダイヤモンドのステイタスは、多少のコストを払っても取得すべきなのだ。

「いや、でもLCCで行ったほうが結局かかる金は安いよね？」

そんなふうに上級会員に懐疑的な人がいるかもしれないが、ぜひ一度ビジネスクラスを利用してみてほしい。エコノミークラスはよく「荷物扱い」と表現されるが、ビジネスクラスで「お客様扱いされた快適な移動」を味わってみたら考え方ががらっと変わるはずだ。

搭乗までの上質な時間

そしてもう一つのメリットがラウンジだ。上級会員が海外のラウンジ巡りをしている

バンコクのスワンナプーム国際空港のカタール航空プレミアムラウンジ。静謐な雰囲気のなか、豪華料理に舌鼓。

ブログなどがあるが、私はラウンジマニアではないので、いろいろな航空会社のラウンジをせかせかまわるようなことは基本的にはしない。

何事にも余裕をもった行動を取るのが私のスタイルであるため、早めに空港に行って一つのラウンジでくつろぎ、ゆったりと搭乗ゲートに向かう。仕事にせよプライベートにせよ、あわてた状態ではなにかとロクなことがない。

「別にラウンジなんて使わなくても、スタバとかでのんびりしててもいいんじゃないの？　そのために数十万円を払うというのはどうなの？」と思う人がいるだろう。

そういう人のために、ラウンジはのんびりするだけの場所ではないことも説明しておきたい。じつはラウンジは朝早くからの仕事にはとても便利……というか、ラウン

ジがなくては仕事にならないといってもいいくらいなのだ。

私が出張取材で飛行機を利用するときは、到着空港から取材場所までかなり遠く、レンタカーで1時間以上かけて移動することが少なくないため、出発は早朝ということがほとんど。当日の段取りを落ち着いて再確認しようと思ったら、出発空港でやるしかない。そこで8時出発の便でも6時くらいには出発空港に到着して、ラウンジで仕事にとりかかるようにしている。そうすれば2時間ほどは仕事ができる。このような出張は多いときは月に3〜4回はあるから、Wi-Fiや電源が完備され、軽食で腹ごしらえもできるラウンジは、仕事のためにも私には必要不可欠だ。

また、プライベートで、しかも目的地に着いてからクルマの運転がなければ、飛

香港国際空港のキャセイパシフィック航空のラウンジ、ザ・ピア・ファーストクラスのザ・ダイニング。アルコールも料理も充実していてクオリティはレストランさながら。これだから上級会員はやめられない。

同じくザ・ビア・ファーストクラスのデイ・スイートは仮眠もできるぜいたくなスペース。どうしてもSNSでドヤりたくなる（笑）

行機を眺めながら朝から優雅に生ビールを楽しむこともラウンジなら可能だ。搭乗ゲートのわさわさした雰囲気のなかで缶ビールを飲んでいる人を見ると、なんだか品のない酔っ払いのように思えてしまうのは偏見なのだろうか……。

先ほど「私はラウンジマニアではない」と書いたが、それでも評判のいい海外の空港のラウンジには興味があるので、早めに空港に着くようにして気になるラウンジに立ち寄ったりすることはある。

2023年でいうと、タイに行ったときに乗り継ぎで利用した香港国際空港のキャセイパシフィック航空のラウンジが素晴らしかった。食事はテーブルオーダーで、内容は一流中華料理店と遜色ない。もちろん、お酒も飲み放題。食事のあとは時間があったのでシャワーを浴びてからティールームでくつろぎ、搭乗時間までゆっくりといろいろなお茶を楽しんだ。今回は利用しなかったが、香港国際空港のキャセイパシフィック航空の別のラウンジには個室のバスや仮眠できるスペースもあるので、今度はそちらを利用しようと思っている。

そのほかにも上級会員のメリットはたくさんある。優先搭乗ができるので確実に機内で荷物の収納場所を確保できたり、到着時に荷物が優先的に出てくるので時間が無駄にならないなど、上級会員でいることはメリットしかない。とくに荷物を優先的に受け取れるのは、海外の空港の場合、盗難や取り間違いに遭うリスクが非常に低くなるので、セキュリティ面でも安心だと思う。海外旅行で荷物をまるごとロストしたなんてことになったら、悲劇としかいいようがないだろう。

妻が迫る究極の選択

と、ここまでが私にとっての上級会員でいることのメリットであり、これだけのメリットを享受できるのだから当然、維持していくつもりではあるのだが……。

じつは私にはダイヤモンドを維持しなければならない厳しい事情がある。

すっかりダイヤモンド会員での旅行に慣れてしまった妻から「来年もダイヤモンドなんでしょ？　当然よね？」と強いプレッシャーをかけられているのだ。

さすがの私も本音の部分では、航空運賃が高くなり、さらに出張取材もリモート取材が増えたりして数が減ってきたこともあり、今後もダイヤモンド会員を維持するのは難しいのではないかと思っている。自腹ですべてまかなっていけばなんとかなるかもしれないが、それはなかなか難しい。事実、2023年の修行はJGCプレミアが限界でダイヤモンド陥落が確定した。

じつは妻がダイヤモンド会員に固執するのは理由がある。

以前、ANAで旅行したときのこと。スーパーフライヤーズ会員である私たちが空港の専用保安検査場で並んでいたところ、後からきた3人の客に割り込みされたのだ。

もちろん勝手に割り込んできたわけではなく、ANAの係員が「お急ぎのお客様〜」ということで優先的に通したのだが、そのあとラウンジに行ったらその3人がのんびりビールを飲んでいるではないか。たぶんそのなかにダイヤモンドメンバーがいて、急いでもいないのにその威力で割り込んできたのだろう。

　JAL利用時はダイヤモンドということで保安検査で待ったことなどなく、たまに5分くらいかかると「今日はずいぶん待たされるのねえ。まったく度し難いわね」と不満そうな表情をする妻にとって、この割り込み事件はよほど屈辱的だったと思われる。そのときの妻の般若のような形相を私は生涯、忘れることはないだろう。

　そしてついには「世の中には2種類の人間しかいない。JALダイヤモンド会員か、それ以外か」と口にしはじめたのだ。最初はローランドの名言「俺か、俺以外か」のパロディで冗談をいっているのかと思って一緒に笑っていたのだが、どうもかなり本気度が高いらしい……。

　また、飛行機に乗る前はラウンジでお酒を楽しむのがあたり前になってしまったので、たまにラウンジがない小さな空港に行くと、「ダイヤモンド会員向けにラウンジをつくろうと思わないのかしら。どうかしてるわよね」などと文句をいう有様。

　さらに飛行機は貯まったマイルで乗るものという感覚なので、「航空運賃が高くなった」といってもピンとこない。また、JALの「どこかにマイル」を頻繁に利用している影響なのか、特典航空券にしても日本全国7000マイルで往復できると思っている節もあり、これもどうしたものなのか。

　ぜいたくに慣れ、いろいろとズレてしまった感のある妻に「じつはもうダイヤモンドじゃないんだ……」とはなかなか切り出せず、とりあえず隔年でJGCプレミアをキープすることでなんとか納得してもらうべく、いろいろと下工作を進めている最中だ。2025年は3月までのJGCプレミアステイタスのうちにポイントを貯めまくり、事前サービスを含め残りの24ヶ月をJGCプレミアでやりすごそうという算段なのだが、果たして妻は理解してくれるのか、またコストは合うのか……。今までダイヤモンド会員として大きなメリットを享受してきたので、妻も私も反動が大きそうだ。

　とはいえ私自身、快適な旅行をこれからも続けていきたい。「闇深ければ暁近し」という心境で、なんとか上級会員を維持しようと思っている。

左・成田空港第1ターミナル本館3階にある国際線JALラウンジのエントランス。さすがの風格を感じさせる。かつてはサテライトビルにもJALラウンジがあったが閉鎖されてしまった／中・成田空港の国際線JALファーストクラスラウンジにある「鮨 鶴亭」では職人が握るお寿司を味わえる／右・同じく国際線JALファーストクラスラウンジのダイニングエリアJAL's Tableでは本格的な料理を楽しめる。上級会員のなかでも選ばれし者だけの愉悦のひとときだ。

趣味のシュノーケリングで石垣島、宮古島、沖縄本島をたびたび訪問。修行と楽しみの一石二鳥。写真は石垣島空港。

上級会員 Q&A

高任さんに聞いてみました！

Question

上級会員になることを思い立ったきっかけを教えてください

Answer

ある雑誌の企画でJALホッピングツアーに実際に参加して13回の搭乗を記録。いい機会なので回数での解脱を目ざそうと思った矢先、ちょうどJALがFLY ONポイント2倍キャンペーンを開始したためポイントでの解脱に切り替えダイヤモンドに到達した。

Question

ポイントを貯めた時期を振り返り、「今思うとこうしておけばよかった」と思うことはありますか？

Answer

1〜2月は沖縄方面の航空券が安いのでポイントを効率的に貯めるチャンス。でも、スキー1級の自分は毎年その時期はスキー場に通うので沖縄行きをあきらめている。ポイント単価を下げるチャンスではあるのだが……。

Question

上級会員になってよかったことがあれば教えてください

Answer

とくにJALのダイヤモンド会員はファーストクラスラウンジが使えるなどメリットが盛りだくさん。「羽田のJALダイヤモンド・プレミア ラウンジにてくつろぎ中」といった感じにSNSでドヤれるのも大きい。

Question

これから上級会員資格を取得しようか迷っている人にアドバイスをお願いします

Answer

どうせならダイヤモンドを目ざしてもらいたいかな。通常の上級会員よりも格段に上質な世界がそこにはあるので。一度、ダイヤモンドの世界を知ってしまうと、通常の上級会員サービスでは満足できなくなるという弊害はあるけれど……。興味があればぜひ。

SCENE **6**

"さらなる高み"を目ざして

生き様で後悔はしたくない！
自分に似合うのはテッペンだから

✈ 時津京介
TOKITSU KYOSUKE

Profile
どこに出しても恥ずかしい郵便貯金マニア。2017年にANAのスーパーフライヤーズ会員、2018年にJALグローバルクラブ入会を果たす。以降はJALのJGCプレミアを継続している。

ANA・JAL

○ 取得したステイタスと取得年
ANAスーパーフライヤーズ会員(2017年)
JAL JGCプレミア(2018〜2020年・2023年)
JALダイヤモンド(2021〜2022年)

○ ステイタス取得までの搭乗期間*　2023年1〜10月

○ ステイタスを取得したときの年齢*　52歳

○ およその費用*　　　　　約71万円

—— ＊2023年のJAL JGCプレミア取得時

シンガポールのガーデンズ・バイ・ザ・ベイはライトアップも素晴らしい。2023年唯一の海外渡航先がシンガポールだった。

条件達成までの道のり 2023年のJAL JGCプレミア取得時

年月	区間	席種	運賃	獲得ポイント	ポイント単価
2023年1月	羽田〜福岡	ファーストクラス	特便割引21	1,818	9.1円
	福岡〜羽田	ファーストクラス	特便割引21	1,818	10.9円
	羽田〜那覇	クラスJ	特便割引21	2,072	8.5円
	那覇〜伊丹	クラスJ	特便割引21	1,656	8.3円
	伊丹〜羽田	クラスJ	特便割引1	876	14.3円
	羽田〜宮古	普通席	先得割引B	1,738	8.2円
	宮古〜羽田	普通席	先得割引B	1,738	7.1円
	羽田〜鹿児島	普通席	ウルトラ先得	902	7.6円
	鹿児島〜羽田	普通席	ウルトラ先得	902	7.6円
	羽田〜那覇	クラスJ	特便割引21	2,072	8.5円
	那覇〜羽田	クラスJ	特便割引21	2,072	9.8円
2023年2月	羽田〜高知	普通席	ウルトラ先得	590	17.1円
	高知〜羽田	普通席	ウルトラ先得	590	17.1円
	羽田〜石垣	クラスJ	特便割引21	2,480	7.4円
	石垣〜羽田	クラスJ	特便割引21	2,480	8.6円
	羽田〜那覇	クラスJ	特便割引21	2,072	9.8円
	那覇〜羽田	クラスJ	特便割引21	2,072	9.9円
2023年3月	羽田〜宮古	普通席	先得割引B	1,738	8.8円
	宮古〜羽田	普通席	先得割引B	1,738	8.8円
	羽田〜那覇	クラスJ	特便割引21	2,072	9.1円
	那覇〜羽田	クラスJ	特便割引21	2,072	9.9円
2023年4月	羽田〜那覇	クラスJ	特便割引21	2,072	10.9円
	那覇〜伊丹	クラスJ	特便割引21	2,912	6円
	伊丹〜那覇	クラスJ	特便割引21	2,912	6円
	那覇〜羽田	クラスJ	特便割引21	2,072	12円
	羽田〜岡山	クラスJ	セイバー	806	9.5円
2023年5月	羽田〜那覇	クラスJ	往復セイバー	1,872	6.3円
	那覇〜羽田	クラスJ	往復セイバー	1,872	6.3円
2023年6月	羽田〜那覇	クラスJ	スペシャルセイバー	1,872	7.8円
	那覇〜羽田	クラスJ	スペシャルセイバー	1,872	7.8円
2023年7月	羽田〜石垣	クラスJ	往復セイバー	2,280	8.6円
	石垣〜羽田	クラスJ	往復セイバー	2,280	8.6円
2023年8月	羽田〜新千歳	普通席	往復セイバー	966	10.2円
	新千歳〜羽田	クラスJ	往復セイバー	1,068	19円
2023年9月	羽田〜伊丹	普通席	往復セイバー	620	14.3円
	伊丹〜羽田	普通席	往復セイバー	620	14.3円
2023年10月	羽田〜那覇	クラスJ	往復セイバー	1,872	10円
	那覇〜羽田	クラスJ	往復セイバー	1,872	10円
	羽田〜シンガポール	プレミアムエコノミー	個人包括旅行運賃P	4,968	11.3円
	シンガポール〜羽田	プレミアムエコノミー	個人包括旅行運賃P	4,968	

FLY ONポイントはキャンペーンによる増額分も含まれる。ポイント単価はeJALポイント利用分は計算より除外

敬愛するカリスマが私をかきたてる

私のライフワークは日本全国の郵便局巡りと温泉探索だ。郵便局巡りとは、各地の郵便局で500円貯金をしてゴム印を押してもらう、いわば貯金のスタンプラリー。「そのうち行く郵便局がなくなるんじゃないですか？」といわれることもあるが、そんなことはない。日本には約2万4000の郵便局がある。1年で300局をまわったとしても制覇には80年はかかるので、行く郵便局がなくなるどころか、生きているうちに全郵便局をまわり切ることはできないと承知している。

温泉探索のほうも日本全国、果てがない。

生涯をかけて郵便局巡りと温泉探索という終わりのないゲームに挑んでいる私にとって重要なパートナーが、現地まで短時間で移動できる飛行機である。そして、快

上・羽田〜那覇便はポイント獲得のための最重要路線。いわゆるタッチはせず、現地では観光も楽しんでいる。こちらは中城城跡／下・石垣島の有名観光スポット、川平湾。羽田〜石垣便はポイント大量獲得が狙えるので料金をこまめにチェックする。

適な移動に欠かせないのが航空会社が提供する上級会員向けのサービスだ。

遠方や離島の郵便局に行くために頻繁に飛行機を利用するので、快適な旅を約束してくれるラウンジサービスや優先搭乗、そして──たまにある──機内での特別扱いなどをもたらしてくれるステイタスはもはや生活の一部であり、現在の自分を形づくる最重要なパーツといえる。

思い返してみれば2017年にANAのスーパーフライヤーズ会員になった。翌年にはJALのJGCプレミアを獲得し、それ以降、ステイタス維持のために日々飛行機に乗り続けた結果、2021〜22年のダイヤモンドを含め、JALではJGCプレミア以下に陥落したことはない。

それでも、かつてはJGCプレミアの継続について迷ったことがある。

JGCプレミアを獲得したばかりのこと。JALのダイヤモンド・プレミア ラウンジで上質のサービスを堪能しているときにふと考えた。ついにテッペンまで登り詰めたけれど、ここに至るまでにかなりの出費をしてしまった。継続するためには同じ出費を毎年求められる。どうするべきか……。

そんなとき頭をよぎったのは敬愛するカリスマアーティストのアルバムのタイトルだった。『Higher Self』──「より高い次元の自分」か。そうだ、つねに上を見続けることが大切だと彼もいっているじゃないか。ファーストクラスラウンジこそ高みを目ざす自分にふさわしい空間だ。それを実現するために、来年もこのステイタスを維持しなくては……！

その決意が、私をつねにフライトに駆り立てているのだ。

那覇の牧志公設市場の2階には行きつけの店がある。1階の市場で魚を購入して持参すれば刺身などにしてくれる。

アナザースカイは沖縄

　毎年10月になると翌年のフライト計画の立案をはじめる。JGCプレミアを維持するために必要な8万ポイントを、翌1年間を通してどのように獲得していくかは非常に重要だ。
『Higher Self』を目ざすためとはいえ、投入できるお金には限界がある。好きなときに好きなだけお金を注ぎ込める余裕があればラクだろうが、できるだけ安いコストで高みを目ざすためには綿密なプランニングは欠かせない。

　といっても、およその計画は毎年ほぼ決まっている。

　メインとする路線はポイント単価が優秀な羽田～那覇・石垣・宮古の沖縄路線。これらを料金が比較的安い1、2月を中心に飛んで、3月までに4万ポイントを獲得。そして台風シーズンに入る6月までにさらに2万ポイントを上乗せして6万ポイントまで持っていく。残りは2万ポイント。この2万ポイントについては半年かけてゆっくりと稼ぐ。沖縄路線にこだわらず、まだ行っていない郵便局がある地方を中心にフライトしたりもする。

　とはいっても、最終的なコストと不足しているポイントとにらめっこして結局、沖縄路線を組み込むことも少なくない。困っ

たら沖縄へ、というのはステイタス修行の鉄則だ。私のアナザースカイは沖縄といっても過言ではないだろう。

　2023年のフライトログを見てみると、およそ上述のスケジュールに沿ってポイントを貯めていて、1月から4月上旬まで、ほぼ毎週のように那覇や石垣、宮古に飛んでいる。ほとんどのフライトは沖縄方面で、それ以外にたまに北海道や伊丹、そしてシンガポールが入っているくらい。

　やはり私のアナザースカイは沖縄で間違いないだろう。

JGCプレミアを維持する理由

　このようなフライトを続けてJGCプレミアを維持しているが、2023年に投じたコストは約71万円。これは実際の持ち出し額となり、航空券購入にはマイルから交換したeJALポイントも利用している。eJALポイントを加味すると航空券に約81万円ほどつかったことになる。

　ちなみに先ほど2021年、22年はダイヤモンドだったことをお伝えしたが、種明かしをしてしまえば、これはコロナ禍だったからこそ実現できたこと。

　コロナによる緊急事態宣言等により乗客の激減に困ったJALは、少しでも多くの人に飛行機に乗ってもらおうとFLY ONポイント2倍キャンペーンを実施したり、無償で相当数のポイントを付与してくれたりといたれりつくせりだった。

　コロナ禍で海外へ行けず、アナザースカイの沖縄を訪れることも憚られる状況で、国内をちょろちょろと飛んでいたくらいだが、航空券が安かったこともあって、通常の半分以下のコストでダイヤモンドになる

ことができた。

　JGCプレミア維持のコストに話を戻そう。基本的にはコロナ禍の特例以外、毎年このくらいのコストをかけてステイタスを維持しているのだが、その目的は最初のほうでも書いたように、旅をするにあたって快適で上質なサービスを受けるためだ。

　そのサービスにもいろいろあるが、極みといえるのが海外の空港のファーストクラスラウンジを利用できること。

　ここでなぜANAではなくJALに執着しているかを教えておこう。

　JALでダイヤモンド、JGCプレミアになると、ワンワールドの最上位ステイタスであるエメラルドが付与される。エメラルドになればワンワールド加盟各社のファーストクラスラウンジを利用できる。

　一方、ANAのダイヤモンドになるとスターアライアンスの最上位ステイタスであるゴールドが付与されるが、ANAを除くスターアライアンス加盟各社のファーストクラスラウンジを利用することはできない。スターアライアンスのゴールドはANAのプラチナやスーパーフライヤーズ会員にも付与されるステイタスで、利用できるのはビジネスクラスラウンジまでだ。

　簡単にいってしまうと、ワンワールド最上位のエメラルドはファーストクラス相当、スターアライアンス最上位のゴールドはビジネスクラス相当ということになる。

　ファーストクラスラウンジこそ至高！　よって、高みを目ざす私はJALのJGCプレミア以上をターゲットとしているわけだ。

　「日本の空港にだってファーストクラスラウンジがあるじゃないか」といわれそうだが、残念ながらJALにせよANAにせよ、日本

羽田の国際線JALファーストクラスラウンジにあるJAL's SALON。ここでは上質のお酒を楽しむことができる。

の航空会社のラウンジよりはるかに上をゆくのが、海外エアラインのファーストクラスラウンジだ。

　もちろん、日本国内での郵便局巡りのときには羽田や那覇の国内線のファーストクラスラウンジを使って快適さを満喫していて、それもJGCプレミアを維持するモチベーションにはなっているが、それとこれとは話が別。

　地元のファミレスで食べるパスタと銀座の高級イタリアンレストランで供されるパスタでの満足度の違いといえば、おわかりいただけるだろうか？

もはや本格的なレストラン

　今まで利用したファーストクラスラウンジのなかでベスト3を挙げるとしたら、シンガポールのチャンギ空港にあるカンタス航空のカンタスファーストラウンジ、マレーシアのクアラルンプール空港にあるマレーシア航空のゴールデンラウンジサテライト、そして香港国際空港にあるキャセイパシフィック航空のザ・ウィングだろう。

　まずカンタスファーストラウンジだが、もともとチャンギ空港にはワンワールド用にはビジネスクラスのラウンジしかなかったために混雑がひどく、その解消を目的にファーストクラスの乗客専用に新たにつくら

上・クアラルンプール空港のマレーシア航空のゴールデンラウンジサテライト。空きすぎていて少し落ち着かなかった／右・ゴールデンラウンジサテライトではフルコースのメニューを楽しめる。味、サービスともに最高だ。

れたらしい。本格的なレストランといって差し支えないサービスと佇まいだ。ダイニングに入るとテーブルに案内され、メニューを開き、前菜からデザートまで自分の好きなものを選べるのだが、当然ながらメニューはすべて英語。どのような料理かよくわからなかったため、メニューの写真を撮ってGoogle翻訳で内容を確認していたのだが、その様子をスタッフにじっと見られていたのは少し恥ずかしかった。

中華風のものを食べたかったのでチョイスしたのはエビワンタンと豚肉のソテー。味はどちらも絶品。飲み物がなくなると「おかわりはいかがですか?」(たぶんそういっている)とさりげなくスタッフが聞いてくれる。自分から声をかける必要がないのがうれしい。

クアラルンプール空港のゴールデンラウンジサテライトも同じく超豪華なダイニングがある。こちらもまるでフレンチレストランのようなテーブルに案内され、フルコースのメニューを楽しめる。もちろん、味、サービスともにいうことなし。ゆっくりと食事を楽しめる……のだが、自分のほかに客があまりいなかったので、スタッフ全員にじーっと見られているような気がして、少し落ち着かなかった……かもしれない。

香港国際空港のキャセイパシフィック航空のザ・ウィングのカバナ。シャワーのあるラウンジは珍しくないが、バスタブ付きとは恐れ入った。

こんなセレブな環境に臆していたのではさらなる高みには届かない。そんな反省をしながら、軽食ビュッフェで缶ビールを飲みながらサンドイッチをつまんだりしたことは、ここだけの話だ。

そして香港国際空港のザ・ウィング。こちらは非常にスタイリッシュな雰囲気で、一歩なかに入っただけで気分が上がる。前の二つのラウンジが、入るとピシッと身が引き締まる思いがするのに対し、ザ・ウィングはまるで外資系の超エリートビジネスマンになったような感覚という感じなのだが、伝わるだろうか?

ラウンジにはシャンパンバーがあってゆったりとしたソファでシャンパンを味わえ、レストランのザ・ヘブンではオーダー式の本格的な食事も楽しめる。香港だけに中華料理もおいしいのだが、ビジネスクラスのラウンジでも食べられる担々麺もついつい頼んでしまう。ゴマとピーナツクリームの風味が素晴らしく、キャセイパシフィック航空のラウンジにくるとどうしても味わいたくなってしまうのだ。

そしてザ・ウィングのザ・ウィングたる

ゆえんのサービスは、なんといっても個室の浴室であるカバナ。あまりの人気にもかかわらず5室しかないので、待ち時間が異常に長いのが難点だが、おしゃれで浸かり心地もよく、自分史上最高の風呂体験だった。カバナのためだけに香港を訪れるという人もいると聞いたがそれも納得。香港以外の東南アジアに行くようなことがあれば、香港経由にしてなんとしてでもまたカバナを使いたいと思う。

ちなみに「日本の航空会社のファーストクラスラウンジでは太刀打ちできない」と書いたが、そのなかにあっておすすめできるのが、羽田の国際線JALファーストクラスラウンジにあるJAL's SALONだ。ここでは街中のバーではなかなか飲めない希少なお酒を楽しめるので、長時間腰を落ち着けている人もいる。さすがはファーストクラスラウンジと、JALの気合いを感じられ、毎回立ち寄るのを楽しみにしている。

今後も継続したいが……

いかがだろうか。

価値観が人それぞれということは承知しているが、海外のファーストクラスラウンジを利用できるという体験だけでも、年間70万円くらいのコストはまったく問題ではないと思っている。

料理がどうこうというだけではなく、「普段とは違う浮世離れした世界を垣間見る」だけでも価値は充分にある。

そもそも私の場合、修行といってもひたすら飛行機に乗るだけではない。

現地に着いたら、ライフワークの郵便局巡りはもちろん、たとえば那覇であれば瀬長島の温泉に行ったり、国際通りをぶらぶらして牧志公設市場にある行きつけの食堂に寄って昼酒と沖縄料理を楽しんだり、沖縄にしかない88ステーキに入って舌鼓を打ったりと現地を満喫する。

修行で楽しみ、ステイタスでさらに楽しめるのだから一石二鳥だ。

そのほかにもJGCプレミアのメリットはいろいろある。

欠航のようなトラブル時に電話がつながりやすかったり、座席の空席待ちが優先されたり、最近はあまりないけれど機内でCAさんに「時津様、本日はご搭乗ありがとうございます」と挨拶されたり、あるいは本当か嘘か知らないが、女性のいるお店に行ってステイタスカードを見せるとモテるらしいとか枚挙にいとまがない。

そんなJGCプレミアを維持するためにも今後も毎年フライトを続けるつもりだ……と宣言したいところだが、頭が痛いのが昨今の航空運賃の高さ。路線にもよるが、感覚的には以前の1.5倍くらいはするので、

かつてはクアラルンプール発券がとても安くポイント稼ぎには重宝していた。2023年現在は以前よりかなり高くなってしまった。

このまま続けていくと年間100万円超……。

高みを目ざすと誓った自分が、ふと我に返る瞬間がある。

費用を抑えてJGCプレミアを継続する手立てがないこともない。

ステイタスの有効期限が切れる年の1〜3月で集中的に8万ポイントを貯めれば、3月に期間満了を迎えてもすぐに事前サービスが開始され、翌々年の3月まで2年間JGCプレミアを維持できる。つまり、毎年ではなく隔年で修業するので年間コストが下げられるというわけだ。

ただ、1〜3月で8万ポイント到達はかなり厳しく、修行期間が6月とか8月になるのはやむなしか……。4月以降は平JGCに陥落して、8万ポイントに到達するまではファーストクラスラウンジが使えないのが屈辱ではあるが……。

航空運賃の様子を見ながら今後のことは考えるつもりではあるが、今さら飛行機ライフのレベルを下げるわけにもいかない。『Higher Self』。この言葉は呪いなのかもしれない。高みを目ざす日々は死ぬまで続きそうである。

上級会員Q&A 時津さんに聞いてみました！

Question
上級会員になることを思い立ったきっかけを教えてください

Answer
友人とタイに行ったときに利用した空港ラウンジでの体験から。ちょうどステイタス修行が話題になり出していた頃で、エコノミークラス利用でもラウンジに入れるのであれば、と思い立ったのがきっかけ。JGCプレミアに到達し、JALの成田やキャセイパシフィック航空の香港のファーストクラスラウンジを体験して、次もぜひ利用したいと思ったのがJGCプレミア修行継続の原動力。

Question
ポイントを貯めた時期を振り返り、「今思うとこうしておけばよかった」と思うことはありますか？

Answer
ポイント単価は優秀で、これ以上ないほど秀逸なプランだと思う。欲をいえば海外発券の国際線をもっと組み込みたいところではあるが、仕事の関係で連続した休みが取れないのでどうにもならない。

Question
上級会員になってよかったことがあれば教えてください

Answer
JGCプレミア以上になってファーストクラスラウンジを使えるようになったこと。ビジネスクラスラウンジとはまったく異なる世界がそこにはある。空席待ちで最初のグループで手配してくれたり、預け荷物の受け取りでこちらも最初のグループで受け取れるのは、ダイヤモンドおよびJGCプレミアのありがたみを感じる。

Question
これから上級会員資格を取得しようか迷っている人にアドバイスをお願いします

Answer
飛行機で出かけるときにどこに費用をかけたいか、によるだろう。空港カウンターでの行列や、満席時・欠航時のキャンセル待ちに苦痛を感じる人は目ざしてみるのもいいのでは。上級会員のメリットはラウンジ以外にも多いので、それらのサービスに魅力を感じるのであれば取得することをおすすめしたい。

貯まったマイルを有効活用しよう

ANA、JALの上級会員を目ざすにあたり、少しでもコストを抑えたい人はマイルを上手に活用するといい。マイレージ口座に貯まっているマイルを電子クーポンに交換して航空券を購入するという方法である。電子クーポンのことをANAではANA SKYコイン、JALではeJAL ポイントと呼んでいる。

電子クーポンがあればANA、JALのホームページで航空券や旅行商品を購入することができる。購入するのは有償航空券であり特典航空券とは性格が異なる。全額を電子クーポンで支払っても、現金やクレジットカードでの購入と同様にマイルやポイントが積算される。すでにフライトやショッピングなどで貯めたマイルを持っているのであれば使わない手はない。

ANAではマイルからANA SKYコインに交換する場合、1万マイル以上であれば通常は1.2倍の交換レート（1万マイルあたり1万2000コイン）となるが、会員ランクによって交換レートが異なる。ANAカード会員は2万マイル交換では1.3倍の2万6000コイン、3万マイル交換では1.4倍の4万2000コイン、4万マイル交換では1.5倍の6万コインと交換できる。1コインは1円に相当する。

JALにおいては会員種別にかかわらず、1000マイルを1000eJALポイントに、1万マイルならば1万5000eJALポイントに交換できるようになっている。1eJALポイントは1円相当となる。

保有マイルを特典航空券ではなく、電子クーポンに交換して航空券を購入すれば、現金の持ち出しを減らすことができるわけだ。上級会員を目ざしている最中も、フライトや航空券などをクレジットカード決済することでマイルが貯まっていくだろうから、定期的に電子クーポンに交換して航空券の支払いに充当するといいだろう。ただし、電子クーポンではなく特典航空券に交換したほうが都合がいいケースもある。国際線利用時、那覇や新千歳などから東京乗り継ぎで海外へ向かう国内線区間をつける際に、時期によっては羽田〜那覇、羽田〜新千歳の航空券が高いこともある。そんなときは電子クーポンに交換して航空券を買うよりは、特典航空券を利用したほうがよい場合も多い。特典航空券利用時はマイルは貯まらないが、とくにポイント単価があまりよくないケースであれば、特典航空券にしてしまったほうが得策の場合もある。また、アップグレード可能な航空券では、マイルを使ってビジネスクラスへのアップグレードが可能となっており、ビジネスクラスでの快適な移動を堪能するという選択肢もある。

貯まったマイルを上手に活用することで費用を抑えたり、アップグレードによってより快適にフライトすることができる。マイルをより多く貯めるためにも、日常の生活でもクレジットカードを使うことを心がけたい。

Chapter

02

ステイタス取得のノウハウ

ANA、JALの上級会員にはどうすればなれるのか……。そのためのノウハウをわかりやすく解説していこう。条件達成までの道のりは長く険しいものだが、自分のスタイルに合った最短ルートを見つけてもらいたい。

✈ ANA、JALの
上級会員ステイタス

ひと口に上級会員といっても、
ANAにもJALにもいくつかのステイタスが存在する。
目ざすべきはラウンジや優先搭乗などの
サービスを受けることのできるANAのプラチナ、JALのサファイアだ。

上級会員になると空旅が快適に！

航空会社のマイレージプログラムの上級会員とは、頻繁に飛行機を利用する多頻度会員のことだ。P.78〜で詳しく述べていくが、アライアンス（航空連合）に加盟しているようなフルサービスキャリアの上級会員になると様々な特典があり、飛行機旅が大きく変わる。

本書ではANA、JALの上級会員になることを目標としているが、両社の上級会員にはランクがある。

ANA 上級会員ステイタスと必要ポイント数

ステイタス	ステイタス獲得の条件（年間）		スターアライアンスでのステイタス	ラウンジや専用保安検査場の利用
	飛行機搭乗のみ*	ライフソリューションサービス利用***		
ダイヤモンド	100,000プレミアムポイント以上	80,000ポイント以上➕ 7サービス以上➕ 決済額400万円以上 ------ 50,000ポイント以上➕ 7サービス以上➕ 決済額500万円以上	ゴールド	○
プラチナ（ここを目ざそう！）	50,000プレミアムポイント以上	30,000ポイント以上➕ 7サービス以上➕ 決済額400万円以上	ゴールド	○
ブロンズ	30,000プレミアムポイント以上**	15,000ポイント以上➕ 4サービス以上➕ 決済額300万円以上	シルバー	✕****

ANAはブロンズ、プラチナ、ダイヤモンド、JALはクリスタル、サファイア、ダイヤモンドと3段階にわかれており、両社ともダイヤモンドが最高位となる。

上級会員といっても、もっともランクの低いANAのブロンズ、JALのクリスタル会員では享受できるサービスは物足りない。せっかく上級会員を目ざすのであれば、ラウンジや専用保安検査場が利用できたり、預け手荷物受取が優先されるなど、上級会員になったことを実感できるサービスが受けられるANAのプラチナ、JALのサファイアを目標としたい。

ANAでプラチナにこだわる理由はそれだけではない。ANAのプラチナ以上のマイレージプログラムの会員は、専用のクレジットカードに申し込める資格を与えられ、そのクレジットカードを取得することにより、前述のステイタスとは異なるもう一つの上

級会員になることができる。それがANAのスーパーフライヤーズ会員だ。スーパーフライヤーズ会員はANAのプラチナ相当のサービスを受けることができる。

ANAプラチナの有効期限は原則1年間だけで、引き続き維持したければ毎年の搭乗実績が必要となるのに対して、スーパーフライヤーズ会員はたとえ飛行機に乗らなくてもカードの年会費を支払い続けることによって資格を――現行のルールが変更されない限り――永年保持することができる。このクレジットカードを手にしてしまえば、国際線エコノミークラスや国内線普通席搭乗時でも上級クラス利用客と同等のサービスがいつまでも受けられる。まさに夢のカードといえるだろう。

一方、JALでサファイア以上になっても以前のようにJALグローバルクラブに入会することはできなくなってしまった。

ANAスーパーフライヤーズ会員
（プラチナと同等）

資格を
永年保持

＊　1～12月の積算。ポイントの半分以上はANAグループ運航便によるものでなければならない
＊＊　ANAゴールドカード、ANAカード プレミアムを所持の場合は、ANAグループ運航便によるポイントが半分に満たなくてもよい
＊＊＊　日本発行のANAカードが必要。ポイントはANAグループ運航便のみが対象。決済額はANAカード・ANA Pay決済額の総額
＊＊＊＊ マイルまたはアップグレードポイントにより利用可能

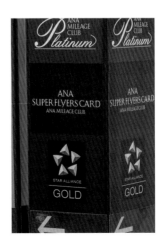

ANAで目ざすべきはプラチナ以上のステイタスだ。ANAスーパーフライヤーズ会員になれば、プラチナと同等のサービスを受けることができる。

JALグローバルクラブ会員になると、ANAのスーパーフライヤーズ会員同様、クレジットカードを保有している限り、JALサファイアと同等のサービスを受けることができる。現在、JALグローバルクラブに入会するためにはJAL Life Statusプログラムにおいて1500ポイント以上が必要となり、国内線だけで貯める場合は300回の搭乗が求められる。これがどれくらい大変かというと、50回搭乗でJALサファイアになれるので、その6倍の搭乗が必要ということだ。JAL Life Statusプログラムには過去実績も反映されるし、有効期限もないため、到達までの道のりは人それぞれだが、ゼロからはじめるとなると短期間での取得は現実的とはいえない。

ならば上級会員としてのサービスを享受できるサファイアを獲得し、快適な空旅を楽しみながら1500 Life Statusポイントに達するまで何年か続けるのが現実的な路線といえるだろう。もっとも、サファイアを獲得するのもなかなか大変だが……。

なお、ANAスーパーフライヤーズ会員はスーパーフライヤーズカードを所有することから頭文字をとってSFC、JALグローバルクラブはJGCという呼び名が使われる。

アライアンスのステイタスも付与

ANAのスーパーフライヤーズ会員、JALのJALグローバルクラブ会員になると、ANA、JALだけでなく、同じアライアンスに加盟する航空会社を利用する際も上級会員としての恩恵を受けることができる。

ANAのスーパーフライヤーズ会員には

JAL 上級会員ステイタスと必要ポイント数

ステイタス	ステイタス獲得の条件（年間）*	ワンワールドでのステイタス	ラウンジや専用保安検査場の利用
DIAMOND ダイヤモンド	100,000 FLY ONポイント以上、もしくは120回以上の搭乗 かつ35,000 FLY ONポイント以上	エメラルド	◯
SAPPHIRE サファイア	50,000 FLY ONポイント以上、もしくは50回以上の搭乗 かつ15,000 FLY ONポイント以上	サファイア	◯
CRYSTAL クリスタル	30,000 FLY ONポイント以上、もしくは30回以上の搭乗 かつ10,000 FLY ONポイント以上	ルビー	✕ **

ここを目ざそう！

* 1〜12月の積算。ポイントの半分以上、搭乗回数の場合はその半分以上はJALグループ便によるものでなければならない
** マイルにより利用可能

ANAが加盟するスターアライアンス共通の上級会員資格ゴールドが、JALのJALグローバルクラブの会員にはJALが加盟するワンワールド共通の上級会員資格サファイアが付与され、スーパーフライヤーズ会員、JALグローバルクラブ会員である限りその資格は維持される。

ANAのスーパーフライヤーズ会員がユナイテッド航空、ルフトハンザ ドイツ航空、シンガポール航空、タイ国際航空などのエコノミークラスを利用する場合でも、優先チェックインカウンターや優先搭乗サービス、そしてラウンジも利用できてしまうのだ。JALのJALグローバルクラブ会員も同様にキャセイパシフィック航空、アメリカン航空、ブリティッシュ・エアウェイズ、マレーシア航空などで同様のサービ

スを受けることができる。

また、家族カードを発行すれば、その家族も本会員とほぼ同様のサービスを受けられるのも大きな魅力だ。

上級会員になることにより多くの恩恵を受けることができる。専用チェックインカウンター、専用保安検査場の利用もその一つだ

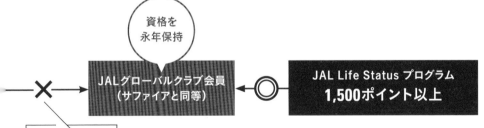

資格を永年保持

JALグローバルクラブ会員（サファイアと同等）

✕ 2023年までは可だったが現在は不可に

JAL Life Status プログラム 1,500ポイント以上

ステイタスの有効期限は1年間

✈

　ANA、JALともにステイタスの有効期限は条件を達成した翌年の4月から翌々年3月までの1年間が基本。ただし、早く達成した場合は翌年の4月を待たずにそのステイタスのサービスを受けることができる。ANA、JALともに条件達成の数日後から事前サービスを利用可能だ。ただし、ANAでライフソリューションサービスを利用してステイタスを獲得した場合はこの事前サービスは対象外となる。

✈ 上級会員になると
飛行機旅が変わる！

エコノミークラスのチケットを持っていても
ビジネスクラスのカウンターで待たずにチェックインしたり、
搭乗まではラウンジでくつろげたり……。
上級会員になると様々な特典があって空旅が激変する。

ストレスフリーの飛行機旅を

　前項で上級会員になると飛行機旅がこれまでとまったく違ったものになると述べたが、ここではどう変わるのか具体的に見ていくことにしよう。

　まずは予約時。上級会員は専用のサービスデスクを利用できる。航空会社の電話予約センターは時間帯によって混雑していることもあるが、上級会員は専用の窓口に電話することでオペレーターにつながるまでの時間が短縮される。航空券の予約開始時期においても、国内線では先行受付をしており、座席予約でも乗り降りしやすい前方席を優先して予約することができる。さらに予約時の空席待ちや、特典航空券においても優先的に取り扱ってもらえる。

　数ある上級会員向けサービスのなかでも、もっともストレスフリーを実感できるシーンは空港だろう。国際線エコノミークラスの利用時でも、上級会員であれば専用のチェックインカウンターを使うことができるので長い行列に並ぶ必要がない。ここだけでも30分〜1時間程度の時間短縮になるケースも多い。

　そして預ける手荷物には「PRIORITY」と記された優先受取のタグもつけてもらえるほか、預け手荷物の許容量もアップされる。また、空席待ちをする際も一般の利用客よりも優遇される。

　そして保安検査場においても主要空港であれば専用レーンを利用できて、ここでも大きく時間短縮されることになる。

　保安検査を終え、国際線の場合は出国審査を済ませたら、出発までの時間をラウンジですごすことができる。空港ラウンジを利用したいがために上級会員を目ざす人は多い。ANA、JALでは羽田空港や成田空港などでは通常のラウンジと最上級顧客用の2種類のラウンジを用意している。最上級顧客用のラウンジはファーストクラスの乗客やANA、JALのダイヤモンド会員、JALグローバルクラブのプレミア（JGCプレミア）会員が利用することができる。国内線ラウンジでも軽食が提供され、国際線ラウンジではレストランのような本格的な食事を楽しむことができる。この最上級顧客用のラウンジに入るため、ダイヤモンドやJGCプレミアを目ざす猛者も少なくない。

　とくに羽田空港や成田空港などの国際

チェックイン時には
長蛇の列に並ぶこと
をしばしば強いられ
る。だが、上級会員に
なれば優先チェック
インカウンターが利
用できるのでストレス
を感じることはない。

線ラウンジは食事やアルコール類が充実
しており、夜行便利用時もシャワーでさっ
ぱりしてから飛行機に乗ることができる。
ラウンジは上級会員に加えて同伴者1名も
入れるので、家族や仲間などとも至福の
時間を味わうことができるのだ。

　飛行機に乗るときも優先搭乗で先に機
内に入ることができるため、機内持ち込み
荷物を収納する際に「いっぱいで入らない、
どうしよう……」ということがないのはとく
にありがたみを感じる。

　到着時には「PRIORITY」タグのついた
預け手荷物が優先的に引き渡されるのだ
が、これは思っている以上に恩恵が大きく、
羽田空港や成田空港では1本早い電車や
バスに乗れることも珍しくない。

まだまだメリットはある

　それ以外にも上級会員になることのメリ
ットはたくさんある。各フライトごとにボー
ナスマイルが加算されることもその一つ。
たとえばANAのプラチナ会員であれば90

〜105％の、JALのサファイア会員であれ
ば35〜105％のボーナスマイルが通常の
マイルとは別に加算される。また、ANAで
は購入した航空券より1クラス上の座席を
利用できるアップグレードポイントが付与
されるオリジナルサービスもあり、ANA、
JALともに年末になるとカレンダーや手帳
などが送られる。

　目に見えない部分では、エコノミークラ
スは満席（オーバーブッキング）だけど、
プレミアムエコノミークラスやビジネスク
ラスに空席がある場合などに、エコノミー
クラスの乗客を無料でアップグレードする
インボラアップグレードに選ばれる可能性
が高い。このインボラアップグレードは10
数年くらい前までは頻繁にあり、最近では
めっきり少なくなってはいるが、稀にチェ
ックイン時もしくは搭乗ゲート通過時に座
席がアップグレードされていることがある。
まさにラッキーであるが、インボラアップ
グレードされたときは上級会員になってい
てよかったと実感する瞬間だ。

編 ANA上級会員のおもなサービス

ステイタス	ダイヤモンド 	プラチナ 	
スターアライアンスでのステイタス	**ゴールド**	**ゴールド**	

			ダイヤモンド	プラチナ	
予約など	国内線予約の先行受付		○	○	
	座席指定の優先（国内線）		○	○	
	国際線事前座席指定料金の免除		○	○	
	予約時の空席待ちの優先		○	○	
	特典航空券予約の優先	国内線	○	○	
		国際線	○	○	
空港にて	優先チェックインカウンター		○	○	
	手荷物許容量の優待	国内線	○ +20kg	○ +20kg	
		国際線	○ +1個	○ +1個	
	専用保安検査場*		○ 本人＋同行者1人	○	
	ラウンジの利用**		○ 本人＋同行者1人	○ 本人＋同行者1人	
	優先搭乗		○	○	
	手荷物優先受取		○	○	
	空港での空席待ちの優先		○	○	
マイレージ	アップグレードポイント		○	○	
	フライトボーナスマイル		○ 115〜130%	○ 90〜105%	
	マイル有効期限の延長		○	−	
	マイルからANA SKYコインへの特別倍率		○ 最大1.7倍	○ 最大1.7倍	

スターアライアンス上級会員のサービス

ステイタス	ゴールド	シルバー
上記を得られるANAのステイタス	**ダイヤモンド プラチナ スーパーフライヤーズ会員**	**ブロンズ**
予約時の空席待ちの優先	○	○
優先チェックインカウンター	○	−
手荷物許容量の優待	○ +20kgもしくは+1個	−
専用保安検査場	○	−
ラウンジの利用	○ 本人＋同行者1人	−
優先搭乗	○	−
手荷物優先受取	○	−
空港での空席待ちの優先	○	○

	ブロンズ	スーパーフライヤーズ会員
	シルバー	ゴールド
	○	○
	○	○
	−	−
	○	○
	−	○
	○（プレミアムエコノミーカウンターのみ）	○
	−	○ +20kg
	○ +1個	○ +1個
	−	○
	−（マイルまたはアップグレードポイントにより利用可能）	○ 本人+同行者1人
	−	○
	○	○
	○	○ 4ポイントを付与
	40〜55%	35〜50%
	−	
	○ 最大1.7倍	○ 最大1.6倍

スーパーフライヤーズ会員はプラチナとほぼ同格

　いくつかの点において差異はあるものの、スーパーフライヤーズ会員はプラチナメンバーとほぼ同じサービスを受けられるといっていいだろう。毎年、プラチナの条件を満たすのは大変だが一度、プラチナ以上になってスーパーフライヤーズカードに加入してしまえば、搭乗実績がなくてもプラチナとほぼ同等のサービスを受けることができるのは大きな魅力。スーパーフライヤーズ会員の入会には大きなメリットがある。

他社利用時も上級会員待遇

　スターアライアンスのゴールドのサービスはANAのプラチナ、スーパーフライヤーズ会員とほぼ同じ。他社利用時もストレスのない空旅を楽しめるのは大きな魅力だ。残念ながらシルバーのメリットは少ない。

混雑するタイ国際航空のチェックインカウンター。ANAのプラチナ以上になればスターアライアンスのゴールドを得られるので、スターアライアンスに属するタイ国際航空のエコノミークラス搭乗時も優先チェックインカウンターが利用できる。

ラウンジを利用したいがために上級会員を目ざす人は少なくない。こちらは羽田空港にある国際線ANA LOUNGE内のシャワーブース。搭乗前にさっぱりできるのでとくに暑い季節は重宝する。

 編　JAL上級会員のおもなサービス

ステイタス	ダイヤモンド	サファイア	
ワンワールドでのステイタス	エメラルド	サファイア	

予約など

	ダイヤモンド	サファイア
国内線予約の先行受付	○	－
座席指定の優先　国内線	○	○
国際線	○	○
予約時の空席待ちの優先	○	○
特典航空券予約の優先	○ 国内線のみ	－

空港にて

	ダイヤモンド	サファイア
優先チェックインカウンター	○	○
手荷物許容量の優待　国内線	○ +20kg	○ +20kg
国際線	○ +1個	○ +1個
専用保安検査場*	○ 本人+同行者1人	○ 本人+同行者1人
ラウンジの利用**	○ 本人+同行者1人	○ 本人+同行者1人
優先搭乗	○	○
手荷物優先受取	○	○
空港での空席待ちの優先	○	○

マイレージ

	ダイヤモンド	サファイア
フライトボーナスマイル	○ 50～130%	○ 35～105%
マイル有効期限の延長	○	－

ワンワールド上級会員のサービス

ステイタス	エメラルド	サファイア	ルビー
上記を得られるJALのステイタス	ダイヤモンド JGCプレミア	サファイア	クリスタル
予約時の空席待ちの優先	○	○	○
優先チェックインカウンター　ファーストクラスカウンター	○	－	－
ビジネスクラスカウンター	○	○	○
手荷物許容量の優待	○ +20kgもしくは+1個	○	
専用保安検査場	○	－	－
ラウンジの利用　ファーストクラスラウンジ	○ 本人+同行者1人	－	－
ビジネスクラスラウンジ	○ 本人+同行者1人	○ 本人+同行者1人	
優先搭乗	○	○	－
手荷物優先受取	○	○	－
空港での空席待ちの優先	○	○	○

	クリスタル	JGCプレミア	JALグローバルクラブ会員
	ルビー	エメラルド	サファイア
	ー	●	ー
	ー	●	●
	●	●	●
	ー（国内線はクラスJ利用時、国際線はビジネスクラスカウンターのみ）	● 国内線のみ	ー
	●	●	
	● +10kg	● +20kg	● +20kg
	● +1個	● +1個	● +1個
	ー	● 本人+同行者1人	● 本人+同行者1人
	ー マイルにより利用可能	● 本人+同行者1人	● 本人+同行者1人
	● 国際線のみ	●	●
	● クラスJ利用時のみ	●	●
	●	●	●
	● 25〜55%	● 50〜105%	● 35%
	ー	●	ー

JGCプレミアとは

　JALグローバルクラブにはJGCプレミアというステイタスも存在する。JGCプレミアはほぼダイヤモンドに相当し、ワンワールドでも最上位のエメラルド資格が付与される。ただし、JGCプレミアはクレジットカードに入っていれば維持できるものではない。毎年の搭乗実績が必要で、1〜12月の間に8万FLY ONポイント以上、もしくは80回以上の搭乗かつ2万5000FLY ONポイント以上（ポイントも搭乗回数も半分以上はJALグループ便によるものでなくてはならない）という条件を満たしたJGC会員のみがその資格を得られる。

JALグローバルクラブの
サービスは
サファイアとほぼ同じ

　JGCのサービス内容はサファイアとほぼ同じだ。クレジットカードの年会費を払うだけで上級会員としての数々のサービスを受けることができるのだから、JGCに加入する価値は充分にあるといえるだろう。ただ、2024年からは入会のハードルがかなり上がってしまった。

ANA、JALの
おもな上級会員向けサービスの紹介

✈ 座席指定の優先

　ANAでは国内線、JALでは国内線と国際線で、自社グループ便を利用する際に座席指定が優先されるサービスを行っている。乗り降りしやすい前方の座席は一般の人は事前に指定できないが、上級会員は優先して指定することができる。足下が広い非常口座席のエリアも含めて、希望の席を確保できる可能性はかなり高くなる。ANA国内線では上級会員のランクによって、指定できる範囲が設定されている。とくにダイヤモンド会員であれば、事前座席指定可能なすべての座席において優先して好きな席を選ぶことができる。また、JALでは国内線だけでなく、国際線でも前方席を優先して指定できるようになっている。

予約時の空席待ちの優先

　ANAやJALでは搭乗したい便、利用したい運賃が満席の場合、キャンセル待ちを優先するサービスを行っている。上級会員本人だけでなく、同じ予約記録に入っている同行者も優先的に取り扱ってくれるほか、同じアライアンスに加盟している航空会社便でキャンセル待ちをする際にも優先的に取り扱ってもらえる。ただし、最近ではキャンセル待ち対象外の割引運賃も増えているので注意が必要だ。

✈ 国内線予約の先行受付

　ANA、JALともに国内線航空券の先行予約サービスを実施しており、上級会員は一般会員よりも希望便を予約できる可能性が高い。ANAはすべてのステイタスでANA VALUE、ANA SUPER VALUEなどの事前購入型割引運賃を一般発売に先がけて予約できる。一方、JALはダイヤモンド、JGCプレミアのみが対象だ。

✈ 特典航空券予約の優先

　上級会員は特典航空券の予約においても優先される。ANA、JALともに国内線はダイヤモンド会員（JALはJGCプレミアを含む）のみとなるが、通常の予約開始日よりも早く国内線特典航空券の先行予約ができることから、希望便を確保しやすくなる。ANAでは国際線において特典航空券予約の優先サービスを行っている。ダイヤモンド、プラチナ、スーパーフライヤーズ会員を対象に特典航空券およびアップグレード特典の優先予約と空席待ちを優先している。ANAマイレージクラブの一般会員が検索すると満席表示でも、上級会員においては特典に空席がある場合もあるなど予約枠も異なるようだ。

✈ 優先チェックインカウンター

上級会員は国際線エコノミークラス利用時も、上級会員専用もしくはビジネスクラスまたはファーストクラス（航空会社、空港によって異なる）のチェックインカウンターで手続きを済ませることができる。出発が重なる時間帯には多少の行列もあるが、それでも数分程度の待ち時間でチェックイン手続きができることがほとんど。エコノミークラス利用時はチェックインのために30分～1時間程度並ぶことが少なくないが、上級会員であればそんなことは皆無なのである。

✈ 優先搭乗

搭乗開始時刻になると、上級会員は優先搭乗として一般の利用者に先駆けて搭乗することができる。メリットとしてはボーディングブリッジや機内の通路で詰まることがなくスムーズに搭乗できること。また、エコノミークラスや普通席が混雑している際は座席の上の手荷物入れがいっぱいになって荷物を入れるスペースを確保するのに苦労することもあるが、最初に搭乗すれば確実に荷物を収納できるのはありがたい。

✈ 専用保安検査場

数ある上級会員向けサービスのなかでも、もっともありがたみを感じるのが専用保安検査場だ。一般のレーンが混み合っていても、上級会員のみが利用できる専用保安検査場は空いていることが多い。ただし、すべての空港に設置されているわけではなく、対象となるのは羽田空港や成田空港、伊丹空港、福岡空港、新千歳空港、那覇空港など国内の主要空港となる。海外でも同じアライアンスに加盟している航空会社搭乗時は同様に専用保安検査場を利用できる。

✈ ラウンジの利用

ANA、JALの空港ラウンジは、基本的に上級クラス搭乗者や上級会員のみが足を踏み入れることができる特別な空間だ。そのため上級会員になりたい理由にラウンジ利用を挙げる人は多い。通常の上級会員が利用できる国内線のラウンジでは食事は提供されないものの、アルコール類を含むドリンク類が充実し、ゆったりとしたソファやワーキングスペースも完備。国際線では時間帯に応じた食事が用意され、ラウンジで食事をすることを楽しみにしている人も多い。また、ANA、JALともにダイヤモンド会員（JALはJGCプレミアを含む）はファーストクラス乗客用の最上級のラウンジを利用することが可能で、国際線ではレストランスタイルで食事が提供されている。

✈ 手荷物許容量の優待

ANAやJALでは通常、国際線エコノミークラスは1個あたり23kg以下の荷物が2個まで無料となっているが、上級会員はさらに＋1個を無料で預けられる。また、国内線普通席においては通常20kg以下となっているが、上級会員は20kg加えた40kgまで預けられる。とくに国際線では荷物の超過料金は高いのでメリットは大きいといえるだろう。

✈ 手荷物優先受取

　国内線、国際線ともに預ける手荷物には「PRIORITY」と記されたタグがつけられ、到着空港のターンテーブルでいち早くピックアップできる。国際線はもちろん国内線でも大型機には大量の荷物が積載されており、荷物のピックアップだけで10分から15分ほど要することも珍しくない。とくに羽田空港や成田空港などでは、手荷物を優先して受け取れることによって予定よりも1本早い電車やバスに乗れることも珍しくなく、先に荷物が出てくるありがたさを実感できる。

✈ 空港での空席待ちの優先

　上級会員は当日、出発空港で空席待ちをする際にも優先される。とくに国内線での空席待ちが中心となるが、一般の人が空席待ちの手続きをした後、上級会員が空港に到着して空席待ちを申し込んだ場合も上級会員が優先される。ANA、JALともに上級会員は一般客よりも優先されるが、上級会員でもステイタスに応じて優先順位が異なり、ダイヤモンド会員が最優先で空席待ちが可能となっている。なお、現在ではインターネットやスマートフォンでも空席待ちができるようになり利便性が増した。

アップグレードポイント（ANAのみ）

　ANAではANAグループ運航便の利用実績に応じて、購入した航空券より1クラス上の席にアップグレードできるアップグレードポイントが付与される。たとえばANAグループ運航便だけで4万プレミアムポイントを獲得すると20ポイントが付与され、国内線では普通席からプレミアムクラスのアップグレードに4ポイント、国際線ではエコノミークラスからビジネスクラスへのアップグレードに東アジア線で6ポイント、東南アジア線およびハワイ線で8ポイント、欧米線で10ポイントが必要となる。なお、欧米線では20ポイントでビジネスクラスからファーストクラスへアップグレードできる。ただし、アップグレードできる運賃には制限があり、とくにエコノミークラスでは割引率が高い運賃からのアップグレードは不可となっているのが痛い。なお、アップグレードポイントはラウンジへの入場で使用したり、ANA SKYコインへ交換することができる。

フライトボーナスマイル

　上級会員はフライトのたびにボーナスマイルが加算され、一般の人よりも多くのマイルを獲得できる。ステイタスによっても異なるが、ANAとJALではカードの種類によって通常マイル＋25〜130％のボーナスマイルが積算される。ボーナスマイルの対象となるのはANAではANAグループ運航便とユナイテッド航空、ルフトハンザ ドイツ航空、スイス インターナショナル エアラインズ、オーストリア航空運航便、JALではJALグループ運航便とアメリカン航空、ブリティッシュ・エアウェイズ、イベリア航空、マレーシア航空運航便。とくに長距離路線ではボーナスマイルだけでも多くのマイルを獲得することが可能で、知らない間にマイル残高が増えていることも珍しくない。

✈ マイル有効期限の延長

ANA、JALともに上級会員も一般の人も獲得したマイルはマイルを積算してから36ヶ月後の月末までが有効期限となっているが、最上級会員であるダイヤモンドとJGCプレミア会員のみ、そのステイタスでいる間はマイルは失効しない。資格がなくなった場合にはその時点から36ヶ月後の月末までマイルは有効となる。

成田空港の国際線JALサクララウンジの食事の一例。搭乗すれば機内食が出てくるのに、ラウンジで食べすぎてしまう人が後を絶たないとか……。

✈ ANA SKYコインの特別倍率（ANAのみ）

ANA、JALともに貯まったマイルはインターネットでの航空券購入に充当できる電子クーポンに交換できる。ANAではANA SKYコイン、JALではe JALポイントと呼んでいて1ポイント＝1円の価値がある。ANAでは上級会員がマイルからANA SKYコインへ交換する際、1万マイル以上は交換率が優遇され、ダイヤモンド、プラチナ、ブロンズ会員は通常一律1.2倍の交換率のところ、1万マイルで1.3倍、2万マイルで1.4倍、3万マイルで1.5倍、4万マイルで1.6倍、そして5万マイル以上で1.7倍となる。たとえば5万マイルを交換すると8万5000円分を航空券購入に充当できる。スーパーフライヤーズ会員が1万マイル以上を交換する際はダイヤモンド、プラチナ、ブロンズ会員の－0.1％となる。

両アライアンスの最上位資格を比較してみると

スターアライアンスの最上位であるゴールドとワンワールドの最上位であるエメラルドを比較すると決定的な違いがある。スターアライアンスのゴールド会員は原則としてビジネスクラス利用者と同等のサービスとなるのに対し、ワンワールドのエメラルド会員はファーストクラス用のチェックインカウンター、ラウンジ、専用保安検査場を利用できる点だ。スターアライアンスではANAのダイヤモンドメンバーであっても加盟他社のファーストクラスラウンジが使えないのである。ただし、スターアライアンスのゴールドはスーパーフライヤーズ会員になれば永続的に維持できる一方で、ワンワールドのエメラルドが付与されるJALのダイヤモンドかJGCプレミアは毎年の搭乗実績が必要となることは覚えておきたい。

スターアライアンス ゴールド

⭕ 永続的に最上位資格を維持可能

❌ 使えるのはビジネスクラスラウンジまで

ワンワールド エメラルド

⭕ ファーストクラスラウンジが使える

❌ 毎年の搭乗実績が必要

✈ プレミアムポイント、 FLY ONポイントってなんだ？

ANAのプラチナ、JALのサファイアといった
上級会員になるためにはどうすればいいのか？ 答えはじつにシンプルだ。
飛行機に乗ってポイントを貯めればいい。
両社が設定しているポイントについて学んでいこう。

ひたすら飛行機に乗るしかない

　ANA、JALでは上級会員になるための基準としてポイントを設けており、一定以上のポイントを取得したマイレージプログラム会員にステイタスを与えている。このポイントのことをANAではプレミアムポイント、JALではFLY ONポイントと呼んでいて、飛行機に搭乗することにより獲得できる。JALでは新たな上級会員制度JAL Life Statusプログラムを2024年よりスタートさせ、その指標のためのLife Statusポイントを新設した。

　これらポイントはマイレージ会員のランクを認定するための指標でマイルとは異なるもの。どれだけポイントを貯めても特典航空券などとは交換できないし、マイルのようにショッピングによって貯まることもない（JALのLife Statusポイントを除く）。また、ポイントは有償の航空券、つまりマイル積算対象運賃でないと積算されず、特典航空券では発生しない。

　ANAのプレミアムポイント、JALのFLY ONポイントが集計されるのは1月1日から12月31日までの1年間で、獲得したポイントにより翌年度（翌4月〜翌々3月）のステイタスが決まる。年が変わるとポイントはリセットされ、持ち越せないことを覚えておきたい。1年かけて目標達成を目ざすのなら、お正月明けから行動を開始することで無理のない計画で進められる一方、遅くスタートさせると怒濤の追い込みをかけねばならないこともあるので早め早めを心がけたい。なお、JAL Life Statusプログラムは過去から未来まで生涯にわたるものなのでLife Statusポイントに有効期限はない。

　本書ではANAのスーパーフライヤーズ会員になるためにANAのプラチナを、そしてJALのサファイアを目ざすことを主たる目的としているため、ANAは5万プレミアムポイント、JALは5万FLY ONポイントもしくは搭乗50回を目ざすための方法をおもに論じていきたいと思う。

同じ区間でもポイントは異なる

　ANAのプレミアムポイント、JALのFLY ONポイントはANA、JALともに同じ計算式で算出され、[区間基本マイル] × [予約クラスおよび運賃種別に応じた積算率] × [路線倍率] ＋ [搭乗ポイント]となる。

ANAもJALもポイントを貯めるに
は飛行機に乗るしかない。同じ
区間を乗っても運賃によってポ
イントが異なるので、よく確認し
て予約するようにしよう。

　詳しく見ていこう。[区間基本マイル]は区間ごとに設定されているマイル数だ。そして[予約クラスおよび運賃種別に応じた積算率]は搭乗クラスや運賃種別ごとに設定されている。国際線エコノミークラスのキャンペーン運賃利用時には区間マイルの30％しか積算されないこともあり、欧米へ往復してもそれほど貯まらないので、70％以上積算される運賃を利用したい。[路線倍率]は国内線は2倍、日本発着のアジア、オセアニア路線では1.5倍、その他の国際線では1倍となる。国内線は距離は短いが、沖縄、宮古、石垣などへの各路線は短距離の国際線よりも効率的にポイントを貯めることができる。そして[搭乗ポイント]は少し割高な運賃を利用した際に加算され、1区間につき200〜400ポイントとなっている。

　同じ区間であっても、利用するクラスや運賃によって獲得できるポイント数は変わってくる。少しの差額で積算率が大きく変わるケースもあるので、いくつかの運賃をシミュレーションしよう。

提携航空会社でも貯まるの？

　ANAのプレミアムポイント、JALのFLY ONポイントは自社グループ運航便だけで

なく、同じアライアンスに加盟している提携航空会社便も対象となる。JALのLife Statusポイントが貯まるのはJALグループ運航便のみだ。

　ANAのプレミアムポイント、JALのFLY ONポイントともに自社が加盟しているアライアンス（ANAはスターアライアンス、JALはワンワールド）の航空会社便はすべてポイント加算の対象となる。

　ただし、他社利用ばかりでは上級会員になることはできない。両社ともに上級会員になるためには規定の半分は自社グループ便の利用を義務づけているからだ。ANAでは「ポイントの半分以上はANAグループ運航便によるものでなければならない」としており（ライフソリューションサービスを利用する際はANAグループ運航便のみが対象）、JALも「ポイントの半分以上、搭乗回数の場合はその半分以上はJALグループ便によるものでなければならない」という規定を設けている。ただ、他社運航コードシェア便をANA便名、JAL便名で利用した際、「自社グループ運航便」とみなされるのかどうかは気になるところ。提携航空会社のビジネスクラス航空券が割安で販売されることがあるが、目標の半分までに留めておくのが無難だろう。

 ✈ **ANA** 編

| プレミアム
ポイント | = | 区間
基本マイル | × | 積算率 | × | 路線倍率 | + | 搭乗
ポイント |

ANAのステイタスの基となるのが搭乗区間の基本マイレージに積算率、路線倍率、搭乗ポイントを加味して算出されるプレミアムポイントだ。ANAグループ運航便およびANA便名の国内他社コードシェア便、そしてスターアライアンス加盟航空会社運航便に搭乗し、ANAマイレージクラブにマイルを積算するとポイントの対象となる。保有プレミアムポイントはANAのホームページで確認できるので、こまめにログインしてチェックするようにしよう。

予約クラスって なんだ？

航空券にはファーストクラス、ビジネスクラス、エコノミークラスなどの座席クラスとは別に、予約クラスが設定されている。ひと口にエコノミークラスといってもY、B、M、U、H、Q、V、W……など予約クラスは細分化されていて、料金や制限事項によって差別化が図られているわけだ。予約変更が可能だったり、取消時の手数料が低めなど、融通の利く予約クラスほど料金は高くなる。もちろん、飛行機に搭乗してしまえば、受けられるサービスは同じ座席クラスであれば予約クラスで変わることはない。

{ 積算率 }

予約クラスおよび運賃種別によって
定められている。
区間基本マイルに積算率を
かけたものがフライトマイルとなる。

代表的な国内線運賃の積算率

150%	プレミアム運賃／プレミアムビジネスきっぷ
125%	ANA VALUE PREMIUM 3／ANA SUPER VALUE PREMIUM 28／プレミアム株主優待割引運賃
100%	ANA FLEX／ビジネスきっぷ
75%	ANA VALUE 1／ANA VALUE 3／ANA SUPER VALUE 21／ANA SUPER VALUE 28／ANA SUPER VALUE 45／ANA SUPER VALUE 55／ANA SUPER VALUE 75／ANA VALUE TRANSIT／ANA VALUE TRANSIT 7／ANA VALUE TRANSIT 28／株主優待割引運賃
50%	個人包括旅行割引運賃／ANA SUPER VALUE SALE

国際線の積算率

150%	ファーストクラス（F／A）／ビジネスクラス（J）
125%	ビジネスクラス（C／D／Z）
100%	プレミアムエコノミー（G／E）／エコノミークラス（Y／B／M）
70%	ビジネスクラス（P）／プレミアムエコノミー（N）／エコノミークラス（U／H／Q）
50%	エコノミークラス（V／W／S／T）
30%	エコノミークラス（L／K）

※（ ）内は予約クラス

路線により倍率は異なる。国内線は2倍で国際線アジア、オセアニア路線は1.5倍、
国際線長距離路線は1倍。意外かもしれないが遠くになるほど倍率が低くなっていく。

国際線	国際線
ANAグループ運航便の日本発着アジア、オセアニア、ウラジオストク路線 **1.5倍**	ANAグループ運航便のその他路線およびスターアライアンス加盟航空会社運航便 **1倍**

国内線 **2倍**

{ 搭乗ポイント }

搭乗するとボーナス的に加算されるポイント。搭乗クラスや運賃種別によって定められている。

代表的な国内線運賃の搭乗ポイント

400ポイント	プレミアム運賃／ANA VALUE PREMIUM 3／ANA SUPER VALUE PREMIUM 28／プレミアム株主優待割引運賃／プレミアムビジネスきっぷ／ANA FLEX／ビジネスきっぷ／ANA VALUE 1／ANA VALUE 3／株主優待割引運賃
200ポイント	ANA VALUE TRANSIT／ANA VALUE TRANSIT 7／ANA VALUE TRANSIT 28
0ポイント	国際航空券(国内区間)／ANA SUPER VALUE 21／ANA SUPER VALUE 28／ANA SUPER VALUE 45／ANA SUPER VALUE 55／ANA SUPER VALUE 75／ANA SUPER VALUE SALE／個人包括旅行割引運賃

国際線の搭乗ポイント

400ポイント	ファーストクラス／ビジネスクラス／プレミアムエコノミー／エコノミークラス(Y／B／M)
0ポイント	エコノミークラス(U／H／Q／V／W／S／T／L／K)

国際線(スターアライアンス加盟航空会社運航便)の搭乗ポイント

400ポイント	積算率100%以上の全予約クラス
0ポイント	上記以外

※( )内は予約クラス

提携航空会社を利用した場合のプレミアムポイントは？

ANA便名で発券されたIBEXエアラインズ、AIRDO、ソラシドエア、スターフライヤー、オリエンタルエアブリッジ、日本エアコミューター、天草エアライン	○ プレミアムポイント発生
スターアライアンス加盟航空会社	○ プレミアムポイント発生
提携航空会社の便名で発券されたANAグループ運航便	○ プレミアムポイント発生
ANA便名で発券されたスターアライアンスに加盟していない提携航空会社の運航便	× プレミアムポイント発生せず

※マイル積算対象運賃の利用が前提

$$\boxed{\text{FLY ON ポイント}} = \boxed{\text{区間 基本マイル}} \times \boxed{\text{積算率}} \times \boxed{\text{FLY ON ポイント 換算率}} + \boxed{\text{搭乗ボーナス FLY ON ポイント}}$$

JALでは1〜12月の1年間に獲得したFLY ONポイントで翌年度のステイタスが決まる。ポイントの対象となるのはJALグループ便ならびにワンワールド加盟航空会社便に搭乗し、JALマイレージバンクにマイル積算したケースだ。FLY ONポイントはANA同様、搭乗した区間のフライトマイル、積算率、換算率、搭乗ボーナスを基に算出される。所有ポイントはホームページで確認可能。

{ 積算率 }

区間基本マイルに積算率をかけた数字がそのフライトで得られるマイルだ。積算率は予約クラス、運賃によって決まっている。

代表的な国内線運賃の積算率

100%	フレックス／JALカード割引／ビジネスフレックス
75%	株主割引／セイバー／往復セイバー／スペシャルセイバー
50%	個人包括旅行運賃／プロモーション／スカイメイト

国際線の積算率

※（ ）内は予約クラス

150%	ファーストクラス(F / A)
125%	ビジネスクラス(J / C / D / I)
100%	プレミアムエコノミー(W / R)／エコノミークラス(Y / B)
70%	ビジネスクラス(X)／プレミアムエコノミー(E)／エコノミークラス(H / K / M)
50%	エコノミークラス(L / V / S)
30%	エコノミークラス(O / Z / G / Q / N)

JAL Life StatusプログラムのLife Statusポイント

JALの新しい上級会員制度のJAL Life Statusプログラムにおいては、Life Statusポイントは搭乗に加え、ショッピングでも発生する。搭乗についてはJAL国内線1搭乗につき5ポイント、JAL国際線は利用する運賃に関わらず一律1000区間マイルで5ポイントとなる。Life Statusポイントはショッピングでも貯まるが、金銭的な面だけでいうとポイント獲得の効率は搭乗のほうがいいだろう。ただ、航空券をJALカードで購入すればショッピングマイルが発生するのでアシストになるのは間違いない。

	サービス	積算基準	ポイント数
搭乗*	JAL国内線	1搭乗	5ポイント
	JAL国際線	1000区間マイル	5ポイント
搭乗以外	JALカード**	2000マイル	5ポイント
	JAL Pay	500マイル	1ポイント
	JAL Mal***	100マイル	1ポイント

＊マイル積算対象運賃での搭乗が対象。国際線マイル数はフライトマイルの積算率に関わらず一律区間マイルの100％で集計
＊＊JALカードショッピングマイルが対象。搭乗ボーナスマイルなどは対象外　＊＊＊「おうちで機内販売」は対象外

{ FLY ONポイント換算率 }

換算率は路線で異なり国内線は2倍となっている。
国際線アジア、オセアニア路線は1.5倍、国際線長距離路線は1倍。

国内線 **2**倍	国際線 JALグループ運航便の日本発着アジア、 オセアニア路線 **1.5**倍	国際線 左記以外の路線 **1**倍

{ 搭乗ボーナスFLY ONポイント }

搭乗するとボーナスとして最大400ポイントが加算される。運賃種別によって決まっている。

代表的な国内線運賃の搭乗ポイント

400ポイント	フレックス／JALカード割引／ビジネスフレックス／株主割引
200ポイント	セイバー／往復セイバー／スペシャルセイバー
0ポイント	個人包括旅行運賃／プロモーション／スカイメイト

国際線の搭乗ポイント

400ポイント	ファーストクラス／ビジネスクラス／プレミアムエコノミー／ エコノミークラス(Y／B／H／K／M／L／V／S)
0ポイント	上記以外の運賃

※( )内は予約クラス

提携航空会社を利用した場合のFLY ONポイントは？

ワンワールド加盟航空会社	○ FLY ONポイント発生
ワンワールドに加盟していない 提携航空会社の運航便	× FLY ONポイント 発生せず
JAL便名で発券された ワンワールドに加盟していない 提携航空会社の運航便	○ FLY ONポイント発生

※マイル積算対象運賃の利用が前提

プレミアムエコノミーにアップグレードしたら？

JALの国際線では搭乗当日、プレミアムエコノミーに空席があった場合、有償でエコノミークラスからアップグレードできる。その場合、積算率はもとの航空券に準じる。

ワンワールド非加盟の提携航空会社運航便に乗ったときは？

JALはワンワールドに加盟していない航空会社とも提携しており、それらの会社が運航するフライトに搭乗すればJALマイレージバンクにマイルを積算することができる。だが、JAL便名でない場合はFLY ONポイントは発生しないし、搭乗回数にもカウントされない。

✈ 重視すべきは
ポイント単価だ

ANA、JALの上級会員になるにはそれなりの搭乗が必要だ。
必然的に航空券代が嵩んでいくので、ポイントでの達成を目ざす場合は
1ポイントあたりの単価に注目することが重要となる。
プランをたてる際はポイント単価に注目しよう。

目安は1ポイント＝10円

　上級会員になるべく搭乗を重ねていくうえでもっとも気になるのはかかるコスト。少しでも少ない金額で当面の目標である5万ポイント──JALの場合は搭乗50回も──を達成したいものである。

　とくにポイントでの達成を目ざす人にとって重要な指標となるのがポイント単価だ。ポイント単価とはかかった金額÷獲得ポイントで算出するもので「1ポイントあたりいくらかかったか」を表している。もちろん、ポイント単価が安いほど総額も少なく済むということになる。

　運賃や搭乗区間によってポイント単価は大きく異なるのだが、1ポイント＝10円程度で抑えることができればまずまず上出来だろう。ポイント単価10円だと5万ポイントに必要なコストは50万円ということになる。海外発券も上手に活用してポイント単価8〜9円台、さらにもっと安い単価を目ざす達人もいるが、まずは1ポイント＝10円を目標とした運賃を考えることからはじめてみるといいだろう。

ポイントの各要素を検証すると

　P.90で述べたとおりANAのプレミアムポイントは区間基本マイル×積算率×路線倍率＋搭乗ポイントで算出される。JALのFLY ONポイントの場合、路線倍率をFLY ONポイント換算率、搭乗ポイントを搭乗ボーナスFLY ONポイントと呼んでいるが解釈はANAと同じ。本書では便宜上、ANAの用語を用いて解説していくことにしよう。

　まずは積算率について見ていこう。国際線ではファーストクラスは150％、ビジ

予約変更の可否を
確認しておこう

　航空券には予約変更が可能なものと不可のものがあり、「〇日前までの予約でお得」のような割引率の高い運賃は原則、変更不可となっている。変更不可の航空券を購入後、搭乗できない場合はどうすればいいのか？　その際は予約を取り消すしかないが、払戻手数料や取消手数料がかかってしまう。手数料は運賃ごとに定められているので、購入時に変更の可否も含めてしっかり確認しておきたい。

ネスクラスは125％（運賃によって70％、150％の場合も）、プレミアムエコノミークラスは100％もしくは70％、エコノミークラスは30〜100％、国内線では50〜150％の積算率となる。国際線では最低でも50％以上、国内線では75％以上の積算率でないと効率が悪い。

　路線倍率は国内線は2倍、日本発着のアジア、オセアニア路線（ウラジオストクも含む）で1.5倍、その他の国際線では1倍となっている。おすすめは国際線なら倍率1.5倍で距離のあるオセアニアおよび東南アジア、そして倍率2倍の国内線だ。これらを上手に活用することでポイント単価を下げることができる。

　また、比較的高額な運賃を利用すると搭乗ポイントとして400ポイントが加算さ

れる。達成までの搭乗回数を少しでも抑えたい人にとって、この400ポイントは意外に大きいものだ。

搭乗ポイントはバカにできないぞ！

　比較的高めの運賃によって獲得できる搭乗ポイントは5万ポイントを目ざすうえでは無視できない存在だ。「400」というポイントはたとえばANAのANA SUPER VALUE系の運賃で羽田から伊丹に飛んだ際に得られるプレミアムポイントにほぼ相当する。搭乗ポイントが獲得できる運賃はたしかに高めではあるが、ポイント単価を算出したら優秀だったということは少なくないので、いろいろシミュレーションしてみよう。

ポイントの計算方法

区間基本マイル	×	積算率	×	路線倍率	＋	搭乗ポイント
﹀		﹀		﹀		﹀
搭乗した区間の距離		利用クラスや運賃に対応した倍率		国内線＝2倍 日本発着アジア、オセアニア路線＝1.5倍 国際線＝1倍		搭乗クラスや運賃別に設定
国内線よりも国際線のほうが稼げる。たとえば東京〜那覇＝984マイル、東京〜ロンドン＝6214マイルと大きな差が出る		30〜150％と幅広い。最低でも国際線では50％以上、国内線では75％以上の積算率でないと効率が悪くなってしまう		路線倍率が2倍となる国内線はとても有利だ。1.5倍で区間基本マイルもある東南アジア、オセアニア路線もおすすめ		国内線は0、200、400の3段階、国際線は0、400ポイントの2段階。できれば400ポイントがつく運賃を狙いたいところだ

✈ おすすめの国内線運賃

国内線にはいろいろな運賃が設定されているが、
上級会員を目ざすうえで活用したい運賃はどれになるのか。
ポイント獲得のためによく使われる
羽田〜那覇線の実際の料金例をもとにじっくり考えていこう。

ポイント単価を追求しよう

　ANAでプラチナ＝5万プレミアムポイントを目ざすにあたっては、とにかくポイント単価が安い航空券を選ぶことがなによりも重要になってくる。

　ANA国内線の普通席利用時においてポイントを多く獲得できる運賃は、積算率100％で搭乗ポイント400も加算されるANA FLEX（普通運賃）、ANAカード会員限定のビジネスきっぷとなる。プレミアムクラス利用時はプレミアム運賃やプレミアムビジネスきっぷならば積算率150％で搭乗ポイント400も加算され、国内線運賃としては最高のポイントを獲得できる。だが、これらの運賃は料金が高いのでポイント単価は決して安くない。

　それならばチケットショップでANAの株主優待券を入手し、積算率75％ではあるが搭乗ポイント400が加算される株主優待割引運賃を選んでみるのはどうか。株主優待券の実勢価格を考慮しても普通席、プレミアムクラスともにANA FLEXやビジネスきっぷにくらべるとポイント単価的に優秀といえるだろう。

　ANAの国内線では長距離路線を利用するほうが効率的にポイントを稼ぐことが可能となっており、ポイント単価を追求していくと基本的には那覇路線を中心としたルートに落ち着く。

　ANAではコロナ禍以前はプレミアムクラスの事前購入型割引運賃、ANA SUPER VALUE PREMIUM28の羽田〜那覇はポイント単価12円ほどでお得に利用できたが現在は割高な設定になってしまった。現状、お得度だけを考えるのであれば普通席の事前購入型割引運賃ANA SUPER VALUEの羽田〜那覇線がベストといえる。

　P.98に羽田〜那覇の運賃例を掲載してみた。ポイント単価が比較的安い運賃はANA SUPER VALUE、ANA SUPER VALUE PREMIUM 28（プレミアムクラス）、株主優待割引運賃、プレミアム株主優待割引運賃（プレミアムクラス）あたりが挙げられる。

もっともポイント単価が安いのはやはり普通席利用のANA SUPER VALUEとなる。最安値ならば片道1万4000円前後で購入可能でポイント単価は最安値では約10円と優秀だ。34回の搭乗で5万ポイントを超えるため、理論上は50万円以下でプラチナ取得も可能となるのだ。

ただ、羽田～那覇便のANA SUPER VALUEは最安値と最高値に大きな開きがあり、最高値ではポイント単価は一気に悪化してしまう。今回の調査では羽田18時台出発便が最高値をつけていた。

アップグレードはどうか？

普通席は空席があれば出発2日前からプレミアムクラスへのアップグレードが可能だ。積算率が50％アップされるのでより多くのプレミアムポイントを獲得することができる。ただし、ポイントは多く獲得できるものの、ポイント単価が悪化するケースもあるためよく検討したい。

プレミアムクラスにアップグレードしたら？

普通席からプレミアムクラスにアップグレードしたらポイント単価はどうなるのだろう？　羽田～那覇線の場合、1万4000円で事前アップグレードできるが、ANA SUPER VALUE 45の料金例（最安値＝1万7710円、最高値＝3万2710円）をもとに計算してみた。アップグレードすると積算率が50％アップされ、獲得プレミアムポイントは2460となる。

ANA SUPER VALUE 45

最安値	ポイント単価 11.6円 ➡ 12.7円	➡ 悪化
最高値	ポイント単価 22.2円 ➡ 19円	

ポイント単価が比較的安い運賃

[　]内は羽田～那覇線の参考ポイント単価

プレミアムクラス	普通席
ANA SUPER VALUE PREMIUM 28 [約18～約19円]	**ANA SUPER VALUE** [約10円～約25円]
プレミアム株主優待割引運賃※ [約15円]	**株主優待割引運賃**※ [約15円]

※株主優待券が必要

◎ANA 羽田～那覇（片道）で得られるポイントなどの一例

搭乗クラス	運賃種別	予約変更	料金	プレミアムポイント
プレミアムクラス	プレミアム運賃	○	73,810円	3,352
	プレミアムビジネスきっぷ	○	64,560円	3,352
	ANA VALUE PREMIUM 3	✕	58,410円（最安値） 64,110円（最高値）	2,860
	ANA SUPER VALUE PREMIUM 28	✕	51,210円（最安値） 53,710円（最高値）	2,860
	プレミアム株主優待割引運賃※	○	42,110円	2,860
普通席	ANA FLEX	○	55,610円	2,368
	ビジネスきっぷ	○	50,560円	2,368
	株主優待割引運賃※	○	28,110円	1,876
	ANA VALUE 1	✕	46,700円（最安値） 47,210円（最高値）	1,876
	ANA VALUE 3	✕	33,610円（最安値） 42,310円（最高値）	1,876
	ANA SUPER VALUE 21	✕	23,710円（最安値） 36,310円（最高値）	1,476
	ANA SUPER VALUE 28	✕	19,310円（最安値） 36,210円（最高値）	1,476
	ANA SUPER VALUE 45	✕	17,110円（最安値） 32,710円（最高値）	1,476
	ANA SUPER VALUE 55	✕	14,910円（最安値） 32,710円（最高値）	1,476
	ANA SUPER VALUE 75	✕	13,810円（最安値） 32,710円（最高値）	1,476

※別途、株主優待券が必要

結論

ANA国内線ではプレミアムクラスならば

ANA SUPER VALUE PREMIUM 28、プレミアム株主優待割引運賃を、

普通席ならANA SUPER VALUEあたりを軸と考えよう。

2023年12月にANAホームページで検索した2024年3月のある日の料金

ポイント単価	50,000ポイントまでの搭乗回数と総費用
22.1円	15回 (1,107,150円)
19.3円	15回 (968,400円)
20.5円	18回 (1,051,380円)
22.5円	18回 (1,153,800円)
18円	18回 (921,780円)
18.8円	18回 (966,780円)
14.8円	18回 (757,980円)
23.5円	22回 (1,223,420円)
21.4円	22回 (1,112,320円)
15円	27回 (758,970円)
24.9円	27回 (1,260,900円)
25.2円	27回 (1,274,670円)
18円	27回 (907,470円)
22.6円	27回 (1,142,370円)
16.1円	34回 (806,140円)
24.7円	34回 (1,234,540円)
13.1円	34回 (656,540円)
24.6円	34回 (1,231,140円)
11.6円	34回 (581,740円)
22.2円	34回 (1,112,140円)
10.2円	34回 (506,940円)
22.2円	34回 (1,112,140円)
9.4円	34回 (469,540円)
22.2円	34回 (1,112,140円)

国内線ポイント獲得の軸

数年前とくらべるとポイント単価はだいぶ悪化してしまったが、得られるポイント、搭乗回数を考えた場合、ANA SUPER VALUE PREMIUM 28は効率のいい運賃だ。フライト中、快適なプレミアムクラスでくつろげることは大きな魅力なので、普通席とくらべてポイント単価が優れていれば迷わず狙っていきたい。

株主優待券の入手コストが鍵

プレミアムクラスも普通席も株主優待割引運賃もおすすめ。予約変更が可能で得られるポイントが多いことも大きなメリットといえるだろう。ただ、株主優待券が必要となることを忘れてはならない。ANAの株主であれば株主優待券が手に入るが、チケットショップなどで入手する場合はその料金が上乗せされるためポイント単価が高くなってしまう。

最安値ならポイント単価は秀逸

ANA SUPER VALUE の各種運賃は最安値で買うことができれば抜群のポイント単価となる。最高値とは大きな幅があるので、予約時は復路便の料金もあわせてじっくり吟味したい。ANA SUPER VALUE の各種運賃は予約変更不可。ポイント単価は優秀でも得られるプレミアムポイントは少なく、回数をこなす必要がある。

機内食が提供されるのもプレミアムクラスの魅力の一つ。ポイント単価が悪化しないのであれば、アップグレードのチャンスは生かしたい。

プレミアムクラスはANA国内線の多くの路線で設定されている。長時間のフライトでも快適で、普通席の運賃とポイント単価をくらべる際は機内での快適度も加味したいところだ。

回数でも上級会員になれる

　JALでは5万FLY ONポイントを貯めればサファイア会員になることができるが、50回の搭乗（かつ1万5000FLY ONポイントの獲得）でもサファイアの資格を得ることができる。ポイントで目ざすにしろ回数で目ざすにしろ、達成までの費用はできるだけ抑えたいところだ。

　回数での達成を目ざす場合のおすすめ運賃は基本的には普通席のスペシャルセイバーとなる。とにかく1区間あたりの航空券単価を抑えることに力を注ぐといいだろう。距離の短い区間をひたすら往復する人は1万5000FLY ONポイントを超えるようにうまくルートを組もう。

　Life StatusポイントはJAL国内線については席種や運賃、距離を問わず1搭乗＝5ポイントとなるので、とにかく安い区間、運賃を見つけることがコツとなる。将来、JALグローバルクラブ入会を視野に入れているのであれば、サファイアはポイントではなく回数での達成を目ざそう。

実質4万5000ポイントでOK

　ポイントでサファイアを目ざす場合、5万FLY ONポイントが目標となる。ところがJALカード会員はその年の最初のフライト時に5000FLY ONポイントがボーナスとして付与されるキャンペーンが継続して実施されているので、実質4万5000ポイントでサファイア会員になることができる。JALの上級会員を目ざすのなら、真っ先にJALカードをつくるところからはじめよう。

　JALでは2023年に国内線運賃を全面リニューアルし、従来の普通運賃、特便割引、先得など9種類を、フレックス、セイバー、スペシャルセイバーの3つに統合してスリム化した。

　フレックスは搭乗当日まで購入できて予約変更も可能な高めの料金設定、セイバーは搭乗1日前まで購入可能、そしてスペシャルセイバーは搭乗28日前まで購入可能でもっとも安めの料金設定となっている。残席状況によって料金が変動していくのも大きな特徴といえるだろう。

　クラスJ、ファーストクラスについては、それまでは全路線一律でクラスJは普通席＋1000円、ファーストクラスは普通席＋8000円という扱いだったが、今回のリニューアルにより距離などに応じた路線別に個別の運賃が設定された。なお、ファーストクラスにはスペシャルセイバーの設定はないので覚えておこう。

　また、以前は普通運賃のみに適用されていた往復割引が、往路・復路でフレックス、セイバー、スペシャルセイバーをどう組み合わせても適用されるようになり、料金が5％引きとなる往復セイバーも導入され利便性がアップした。

　路線としてはANA同様、コスト的に圧倒的に安いのは羽田〜那覇線となる。クラスJやファーストクラスに空席があれば差額を払うことによりアップグレードすることが可能。クラスJでは積算率が10％、ファーストクラスでは50％加算されるため

JAL国内線ファーストクラス
では大量のポイントを獲得
可能。普通席やクラスJと
同等のポイント単価ならば
積極的に利用したい。

より多くのポイントを貯めることができる。羽田〜那覇線のアップグレード料金は普通席からクラスJで3300円、普通席からファーストクラスで1万3200円、クラスJからファーストクラスで9900円となる。ポイント単価が良化するか悪化するかシミュレーションして吟味したい。

　JALの国内線で一度にたくさんのポイントを獲得することができる運賃はファーストクラス、クラスJ、普通席ともに積算率100％で予約変更が可能なフレックスとなる。だが、料金が高額になることからポイント単価はあまりよくない。

　コストを考えるとおすすめはスペシャルセイバーとなる。とくに普通席のスペシャルセイバーはポイント単価が優秀だ。得られるポイントは少なく、回数が求められる

ものの、コスト的にはもっとも安くあげることができる。なお、スペシャルセイバーとセイバーは得られるポイント数が同じなので、早期に予定を確定できるのならばスペシャルセイバーを積極的に利用したい。

　スケジュールが固定できない人には株主優待券を利用する株主割引もおすすめだ。予約変更可能で搭乗ポイントも400ポイント加算される。ただ、2018年から株主割引の運賃は予約が取りにくくなっており、満席が見込まれる便において席を確保するのが難しくなっている。とくにクラスJやファーストクラスにおいては予約枠が少ないことから、スケジュールが流動的でも空席があればとりあえず早めに予約を入れておき、予定が合わなければ変更するというスタイルがいいだろう。

ポイント単価が比較的安い運賃

[　]内は羽田〜那覇線の参考ポイント単価

ファーストクラス	クラスJ	普通席
株主割引 ［約14円］	セイバー ［約15円］	セイバー ［約15円］
セイバー ［約14円］	スペシャルセイバー ［約13円］	スペシャルセイバー ［約8円］

◎ JAL 羽田〜那覇（片道）で得られるポイントなどの一例

搭乗クラス	運賃種別	予約変更	料金	FLY ONポイント
ファーストクラス	フレックス	○	75,850円	3,352
	株主割引※	○	38,230円	2,860
	セイバー	✕	36,910円	2,660
クラスJ	フレックス	○	61,330円	2,564
	株主割引※	○	30,970円	2,072
	セイバー	✕	27,010 円（最安値）	1,872
			28,440 円（最高値）	1,872
	スペシャルセイバー	✕	22,610円	1,872
普通席	フレックス	○	55,610円	2,368
	株主割引※	○	28,110 円	1,876
	セイバー	✕	23,710円	1,676
	スペシャルセイバー	✕	12,710円	1,676

※別途、株主優待券が必要

JALの国内線運賃体系

［従来運賃］	［従来運賃］	［従来運賃］
普通運賃	特便割引 1 特便割引 3 特便割引 7 特便割引 21	先得割引 A 先得割引 B スーパー先得 ウルトラ先得
∨	∨	∨
新運賃 **フレックス** （搭乗当日まで）	新運賃 **セイバー** （搭乗1日前まで）	新運賃 **スペシャルセイバー** （搭乗28日前まで）

JALは2023年4月搭乗分より国内線の運賃を全面的にリニューアル。それまで9種類あった運賃はフレックス、セイバー、スペシャルセイバーの3つに統合された。いずれも混雑状況によって料金が変動する

2023年12月にJALホームページで検索した2024年3月のある日の料金

ポイント単価	50,000ポイントまでの搭乗回数と総費用
22.7円	15回(1,137,750円)
13.4円	18回(688,140円)
13.9円	19回(701,290円)
24円	20回(1,226,600円)
15円	25回(774,250円)
14.5円	27回(729,270円)
15.2円	27回(767,880円)
12.1円	27回(610,470円)
23.5円	22回(1,223,420円)
15円	27回(758,970円)
14.2円	30回(711,300円)
7.6円	30回(381,300円)

ファーストクラスを活用しよう

羽田〜新千歳、伊丹、広島、福岡、鹿児島、那覇、石垣線、そして伊丹〜那覇路線にはファーストクラスが設定されている。以前は専用の運賃はなかったが2023年に設定された。当日、空席があればアップグレードもできる。ファーストクラスは料金は高いものの、獲得ポイントが大きいし、なにより快適だ。普通席やクラスJとくらべてポイント単価が悪くなければ積極的に利用したい。ただ、路線によっては空席がないことが多い。

クラスJはアップグレードで？

ファーストクラス同様、クラスJも2023年に専用運賃が設定された。それにともないクラスJは料金的に使いづらくなったという声を耳にするようになった。今回の調査でも、同じスペシャルセイバー運賃において普通席との差額は約1万円。それでいてポイントの差はわずかなので確かにお得度は低いかもしれない。ではアップグレードはどうか？　羽田〜那覇間の普通席からのアップグレード料金は3300円となり上記よりも差額は小さいが、それでもポイント単価は悪化してしまう。機内での快適度を考えれば許容範囲といえるかもしれないが……。

最安値ならポイント単価は抜群

かつてのお得運賃である先得割引、スーパー先得、ウルトラ先得が統合された新運賃だけあって、普通席のスペシャルセイバーのポイント単価は他の運賃を圧倒する。ただし、空席に応じて料金が変動するので早め早めの予約を心がけたい。

結論

JAL国内線では
普通席のスペシャルセイバーが軸。
回数が少なく済むファーストクラスは
チャンスがあれば検討したい。
クラスJはポイント単価を吟味しよう。

JAL国内線ファーストクラス搭乗者は専用チェックインカウンター、専用保安検査場、ラウンジを利用可能。空港に着いた瞬間から特別な時間がはじまる。

✈ おすすめの国際線運賃

上級会員を目ざすときはせっかく飛行機にたくさん乗るのだから、
ポイント獲得のために国際線も使ってみたいという人も多いだろう。
効率よくポイントを稼げる国際線の運賃について考えてみよう。
注目すべき点は積算率と路線倍率だ。

✈ ANA編

低積算率の運賃が増えている

国際線の航空券を利用してポイントを稼ぐ場合、国内線と大きく異なるのが空港税や燃油サーチャージなど運賃以外に必要な経費がかかる点だ。燃油サーチャージが高止まりしている昨今、最終的な支払額に対してポイントがどのくらい獲得できるのかを考えなければならない。

国際線でポイントを効率よく貯める際には積算率と路線倍率が重要となってくる。

積算率については、20年前まではANAホームページで購入した航空券であればエコノミークラスでも最低70％の積算率であったが、現在では予約クラスによっては50％、さらには30％積算という運賃もある。とくにスペシャルセールの運賃については30％積算が原則となっており、欧米路線を利用しても片道2000ポイント程度しか貯まらない。時間をかけて遠くまで足を運んでも、獲得できるポイントは沖縄とほぼ変わらないという結果になってしまう。

ファーストクラスの積算率は150％、ビジネスクラスは125％が原則となるが、パッケージツアーやセール運賃などで使われる予約クラスPのビジネスクラスは70％積算となる。プレミアムエコノミークラスは100％と70％積算の運賃が混在していて、最近では70％積算の航空券が増えており、以前のように100％積算できるケースは少なくなっている。

すべての航空券には予約クラスが存在しているのだが、この5年ほどで大きく変化している。ANAではSpecial、Basic、Flexなどの運賃が設定されていて、往復利用であれば往路便、復路便ともに選んだ段階で予約クラスが表示される。往路と復路で予約クラスが異なることもあるので、それぞれの予約クラスをしっかりと確認する必要がある。

海外発券の場合は予約変更の可否、払い戻しルールにより料金が変わるが、予約クラスは同等ということもある。また、最近では空席連動型のダイナミックプラ

イスが採用されていることもあり、同じ70％積算運賃の場合はエコノミークラスよりもプレミアムエコノミークラスのほうが安いこともある。必ず予約クラスをチェックし、その積算率をANAホームページ内で忘れずに確認するようにしよう。

路線倍率1.5倍を活用しよう

国際線では路線倍率を考慮した旅程を組むことが求められる。安い運賃の積算率がかなり厳しくなっている状況ではあるが、国際線では路線倍率を上手に活用するべきだ。通常の国際線路線は路線倍率1倍となっているがアジア、オセアニア線では1.5倍となっている。この1.5倍をいかにうまく利用していくかが重要であり、国際線でポイントを貯める際はアジア、オセアニア線の搭乗が不可欠である。

なかでもバンコク、シンガポール、クアラルンプールなどの東南アジア線、さらに距離の長い羽田〜シドニー線、成田〜パース線のオーストラリア2路線は、上級会員を目ざすうえでは重要な路線となる。

アジア、オセアニア路線のメリットとしては、時差が少ないことから肉体的に楽であること。また、欧米などにくらべると1回あたりの日数が少なく済むためホテル代も1〜2泊程度となる点も大きい。

羽田〜シドニー線の区間基本マイルは4863マイル。搭乗ポイントのつかない70％積算のエコノミークラスの運賃でも路線倍率が1.5倍になることから片道5106ポイントが獲得可能で、往復で1万212ポイントとなる。成田〜パース線もほ

ぼ同様で（区間基本マイルは4926マイル）、100％積算のプレミアムエコノミークラスの運賃であれば片道で7789ポイント、往復で1万5578ポイントを獲得できる。

コロナ前とくらべると航空券も諸経費も大幅に上昇しており、以前よりもコストはアップするものの、限られた日程でポイントを獲得したい場合はオーストラリア線を活用したい。また、海外発券でオーストラリア発東京経由（24時間以上滞在するストップオーバーも可能）北米行きの航空券がお得に買えることもあるので、頻繁に運賃を確認してみるといいだろう。

とくにANAは日本発の航空券の価格が上昇傾向にあり、国際線でポイント獲得を目ざす場合はクアラルンプールやシンガポール、シドニーなど海外で航空券を購入したほうが割安となるケースも多い。

国際線は異国観光を楽しめるなどメリットもある。つかの間の海外旅行を楽しみながらポイント獲得に励むといいだろう。

◎ANA［国際線］ **東京からおもな都市への直行便で得られるポイントなどの一例**

路線倍率＝1倍

東京～ニューヨーク（往復）

座席クラス	運賃種別（予約クラス）	予約変更	料金	プレミアムポイント
エコノミークラス	Super Value (L)	✖	271,080円	4,042
	Special (S)	◯	294,140円	6,738
プレミアムエコノミー	Super Value (N)	✖	387,080円	10,234
ビジネスクラス	Value Plus (Z)	✖	901,080円	17,646

東京～ロンドン（往復）

エコノミークラス	Special (S)	◯	263,010円	6,214
	Flex (Q)	◯	445,090円	8,098
プレミアムエコノミー	Special (N)	◯	438,540円	9,498
ビジネスクラス	Value Plus (Z)	✖	763,540円	16,334

路線倍率＝1・5倍

東京～バンコク（往復）

座席クラス	運賃種別（予約クラス）	予約変更	料金	プレミアムポイント
エコノミークラス	Special (S)	◯	147,150円	4,302
プレミアムエコノミー	Special (N)	◯	221,210円	6,824
	Special Plus (E)	◯	272,150円	9,406
ビジネスクラス	Value Plus (Z)	✖	311,150円	11,558

東京～クアラルンプール（往復）

エコノミークラス	Special (S)	◯	135,010円	5,016
プレミアムエコノミー	Special (N)	◯	210,780円	7,824
	Special Plus (E)	◯	308,780円	10,834
ビジネスクラス	Value Plus (Z)	✖	344,870円	13,342

東京～シンガポール（往復）

エコノミークラス	Special (S)	◯	123,940円	4,968
プレミアムエコノミー	Special (N)	◯	203,940円	7,754
	Value (E)	◯	310,440円	10,736
ビジネスクラス	Value Plus (Z)	✖	344,940円	13,220

東京～シドニー（往復）

エコノミークラス	Special (S・V)	◯	250,780円	7,294
プレミアムエコノミー	Basic Plus (E・G)	◯	450,280円	15,388
ビジネスクラス	Value Plus (D・Z)	✖	684,280円	19,036

ポイント単価	50,000ポイントまでの搭乗回数と総費用
67.1円	13往復(3,524,040円)
43.7円	8往復(2,353,120円)
37.9円	5往復(1,935,400円)
51.1円	3往復(2,703,240円)

42.4円	9往復(2,367,090円)
51.2円	6往復(2,670,540円)
46.2円	6往復(2,631,240円)
46.8円	4往復(3,054,160円)

欧米路線はポイント単価高め

北米や欧州への長距離路線はポイントを一気に稼ぐチャンス……と考えがちだろう。だが、路線倍率=1倍が響いているのかそれほど多くのポイントを得られるわけではない。そのうえ料金は高めなのでポイント単価も優秀とはいえない。また、エコノミークラスよりも上位クラスのほうがポイント単価がよいケースもあるのでじっくり検討したい。

ポイント単価	50,000ポイントまでの搭乗回数と総費用
34.3円	12往復(1,765,800円)
32.5円	8往復(1,769,680円)
29円	6往復(1,632,900円)
27円	5往復(1,555,750円)

27円	10往復(1,350,100円)
27円	7往復(1,475,460円)
28.6円	5往復(1,543,900円)
25.9円	4往復(1,379,480円)

25円	11往復(1,363,340円)
26.4円	7往復(1,427,580円)
29円	5往復(1,552,200円)
26.1円	4往復(1,379,760円)

34.4円	7往復(1,755,460円)
29.3円	4往復(1,801,120円)
36円	3往復(2,052,840円)

人気の都市だがポイント単価は△

かつてバンコクやクアラルンプール、シンガポールは路線倍率=1.5倍で料金もお手頃だったため国際線のなかではポイント単価が安かった。だが、現在はだいぶ悪化しているといわざるを得ない。それでも、所要時間が短く数日の休みがあれば現地滞在も満喫できるので、国際線でポイントを貯めるのならばこれら東南アジアの人気の都市に注目してみたい。

路線倍率=1.5倍が効いている

シドニー線は長距離路線かつ路線倍率=1.5倍であるため、より飛行距離の長い北米、欧州路線よりも多くのポイントを得ることができる。こちらも以前とくらべると料金は大分上がっているが、プレミアムエコノミークラスなら4往復、エコノミークラスでも7往復で5万ポイント到達と、回数が抑えられることは魅力といえる。

料金は2023年12月にANAホームページで検索した2024年3月のANA運航直行便の往復運賃の一例。各種税金、燃油特別付加運賃を含む。いずれも往復での購入となる運賃種別のためプレミアムポイントも往復分を記載している。

積算率が低い運賃は避けたい

　JAL国際線もANA国際線同様、エコノミークラスにおいてはマイル積算率50％の運賃が増えており、キャンペーン運賃などは30％積算となる。アップグレード可能な予約クラスのエコノミークラスは70％の積算率だが料金的に割高だ。

　航空券を購入する際は予約クラスに注目し、JALホームページ内でフライトマイル積算率を確認しよう。運賃や区間によっては羽田〜那覇、羽田〜宮古、羽田〜石垣などの沖縄路線のほうがより多くのポイントが貯まる場合もあり、安さだけで航空券を決めないようにしたい。基本的に国際線で貯める場合は、できれば70％以上の積算率の航空券の利用をおすすめしたい。

　JAL国際線エコノミークラスは、JALホームページ上で運賃検索をするとSpecial、Semi-Flex、Standardなどの運賃に分類される。JALではホームページで運賃を検索して往復のフライトを選ぶと、パソコンの場合は右側の「旅程」部分に「詳細を開く」があり、これをクリックすることで予約クラスが表示される。

　同じ運賃名であってもアップグレード可能なタイプとアップグレード不可のタイプの航空券がある。予約クラスも変わり、積算率も変わることから運賃名だけで判断しないようにしたい。

　昔以上にアップグレード可能な航空券の運賃が高騰している。また、プレミアムエコノミークラスの運賃は100％積算運賃と70％積算運賃があるので購入前に忘れずに確認しておきたい。

　エコノミークラスで100％積算される予約クラスY、Bを購入する機会はかなり減っている。ポイントを貯める場合は70％積算の予約クラスH、K、Mを使う機会が多いだろう。割引運賃に多いSクラスをはじめL、Vは50％、セール運賃に多いO、Z、G、Q、Nでは30％積算となる。プレミアムエコノミークラスはW、Rが100％積算、Eが70％積算となる。ちなみに、JALマイレージバンクのマイルを使ってビジネスクラスにアップグレードするには、プレミアムエコノミークラスではW、R、エコノミークラスではY、B、H、Kの予約クラスで購入した航空券に限られる。

　ポイントを少しでも多く貯めるうえでは搭乗ポイントも重要だ。JALではファーストクラス、ビジネスクラス、プレミアムエコノミークラスのすべての運賃と、エコノミークラスの予約クラスY、B、H、K、M、L、V、Sであれば、搭乗ボーナスFLY ONポイントとして1区間につき400ポイントが積算される。ANA国際線のエコノミークラスでは搭乗ポイントが発生するのは積算率100％の予約クラスだけだが、JAL国際線は積算率100％の予約クラスはもちろん、積算率70％および50％の予約クラスでも400ポイントが加算される。

アジア、オセアニア路線を活用

　JALでも路線倍率（FLY ONポイント換算率）が設定されており、国際線では路

予約クラスとポイント単価を確認しよう

下表は東京〜ニューヨーク間を往復した場合の一例だ。最安値のSpecial Saver（予約クラスN）の積算率は30％、それより少し値の張るSemi-Flexは予約変更が可だが予約クラスは同じNとなる。Flex（予約クラスK）の料金は高いものの、積算率は70％でポイント単価はここではもっとも優秀だ。安い運賃に飛びつかず、購入前にじっくりとシミュレーションしよう。

◎東京〜ニューヨークをエコノミークラスで往復した一例

運賃種別（予約クラス）	積算率	変更	料金	ポイント	ポイント単価
Special Saver (N)	30％	✘	288,190円	4,044	71.3円
Semi-Flex (N)	30％	○	313,190円	4,044	77.5円
Flex (K)	70％	○	573,190円	10,234	56.1円

線倍率を上手に活用するべきだ。ANAと同様に通常の路線は1倍だがアジア、オセアニア線では1.5倍となっている。国際線でポイントを貯めるのならばアジア、オセアニア線の搭乗が不可欠だ。なかでもバンコク、シンガポール、クアラルンプールなどの東南アジア線とオセアニア線を積極的に活用したい。

JALのオセアニア線は現在、羽田〜シドニー線と成田〜メルボルン線の2路線となっている。以前のシドニー線は成田空港発着となっていたが、2020年3月末に羽田空港の発着枠を確保した関係で羽田空港発着に変更となり、国内線からスムーズに乗り継げるようになった。国内線区間と組み合わせる場合の利便性は大きく向上したので、羽田〜シドニー線はとくにおすすめの路線だ。メルボルン線については成田空港発着のままであり、2024年1月現在は週3往復となっている。

羽田〜シドニー線の区間基本マイルは4863マイル。70％積算運賃の場合、路線倍率が1.5倍になることから、搭乗ポイント400を加えると片道で5506ポイントとなり、往復では1万1012ポイントが獲得可能だ。プレミアムエコノミークラスの100％積算運賃であれば片道で7694ポイント、往復で1万5388ポイントを獲得できる。国内線区間と上手に組み合わせることで（P.142参照）、欧米路線以上にポイント単価を低く抑えることが可能だ。

これはANA編でも述べたことだが、国際線を利用する際は空港税や燃油サーチャージなど運賃以外にも必要な経費がかかる点を頭に入れておこう。コロナ前にくらべて国際線の料金が上昇していることから、国際線中心でポイントの獲得を目ざす場合はクアラルンプールやシンガポール、シドニーなど海外で航空券を購入したほうが割安なケースが多いのもANAと同じ傾向だ。

◎JAL［国際線］東京からおもな都市への直行便で得られるポイントなどの一例

換算率＝1倍

東京〜ニューヨーク（往復）

座席クラス	運賃種別（予約クラス）	予約変更	料金	FLY ONポイント
エコノミークラス	Special Saver (N)	✕	288,100円	4,044
プレミアムエコノミー	Special Saver (E)	✕	394,100円	10,234
ビジネスクラス	Special Saver (X)	✕	785,100円	10,234

東京〜ロンドン（往復）

エコノミークラス	Standard (L・V)	○	344,870円	7,014
プレミアムエコノミー	Standard (R・W)	○	582,790円	12,428
ビジネスクラス	Standard (I・J)	○	1,010,290円	16,336

換算率＝1・5倍

東京〜バンコク（往復）

座席クラス	運賃種別（予約クラス）	予約変更	料金	FLY ONポイント
エコノミークラス	Special (Q)	○	126,520円	2,582
プレミアムエコノミー	Special (E)	○	211,520円	6,824
ビジネスクラス	Special (I・D)	○	382,020円	11,558

東京〜クアラルンプール（往復）

エコノミークラス	Special (N・Q)	○	139,700円	3,010
ビジネスクラス	Special (I)	○	351,300円	13,344

東京〜シンガポール（往復）

エコノミークラス	Special (S)	○	171,380円	5,768
プレミアムエコノミー	Special (E)	○	205,320円	7,756
ビジネスクラス	Special (D)	○	513,990円	13,220

東京〜デリー（往復）

エコノミークラス	Special (Q)	○	160,290円	3,290
プレミアムエコノミー	Special (E)	○	287,290円	8,478
ビジネスクラス	Special (I)	○	672,290円	14,510

東京〜シドニー（往復）

エコノミークラス	Standard (Q)	○	225,780円	4,376
プレミアムエコノミー	Standard (W)	○	479,780円	15,390
ビジネスクラス	Standard (D・I)	○	697,280円	19,036

	ポイント単価	50,000ポイントまでの搭乗回数と総費用
	71.3円	13往復(3,745,300円)
	38.6円	5往復(1,970,500円)
	76.8円	5往復(3,925,500円)
	49.2円	8往復(2,758,960円)
	46.9円	5往復(2,913,950円)
	61.9円	4往復(4,041,160円)

得られるポイントは多いが

長距離路線だけあって得られるポイントは
それなりに多いものの、路線倍率＝1倍で
あるためポイント単価はいいとはいえず、費
用もかなりかかってしまう。ただ、ポイント
そのものは少なくないので、目標の5万ポイ
ントに向けて大きな援護となることは間違い
ない。前もって欧米を訪れることが確定し
ているのなら、そういう年こそ上級会員を目
ざすチャンスといえるだろう。

	ポイント単価	50,000ポイントまでの搭乗回数と総費用
	49.1円	20往復(2,530,400円)
	31円	8往復(1,692,160円)
	33.1円	5往復(1,910,100円)
	46.5円	17往復(2,374,900円)
	26.4円	4往復(1,405,200円)
	29.8円	9往復(1,542,420円)
	26.5円	7往復(1,437,240円)
	38.9円	4往復(2,055,960円)
	48.8円	16往復(2,564,640円)
	33.9円	6往復(1,723,740円)
	46.4円	4往復(2,689,160円)
	51.6円	12往復(2,709,360円)
	31.2円	4往復(1,919,120円)
	36.7円	3往復(2,091,840円)

東南アジアはポイント単価優秀

気軽に行ける海外旅行の渡航先として人気
が高いためか、東南アジアの主要都市への
航空券は料金が抑えめ。それでいて距離は
そこそこあり、路線倍率＝1.5倍も相まって
ポイント単価は国際線としては優秀だ。週
末プラス1日を利用して気軽に往復できる
ので、ポイント獲得の手段として年間計画
に組み込んでもいいかも。

ポイントを稼ぐのなら

飛行距離が長く、路線倍率は1.5倍とあ
って、オセアニア路線はFLY ONポイント
を貯めるには効率がいい。今回はシドニ
ー線を掲載したがメルボルン線も同様だ。
おすすめは機内でくつろげるプレミアムエ
コノミークラス。大量のポイントを獲得で
きる積算率100％の運賃を選びたい。

料金は2023年12月にJALホームページで検索した2024年3
月のJAL運航直行便の往復運賃の一例。各種税金、燃油特別
付加運賃等を含む。いずれも往復での購入となる運賃種別の
ためFLY ONポイントも往復分を記載している。

✈ 国内線と国際線
どちらが お得 ？

国内線に乗っても、国際線に乗っても上級会員になることはできる。
だが、どちらのほうがコスト的に優れているのだろうか？
結論からいってしまうと、上級会員を目ざす手段としては
国内線のほうがあらゆる面で都合がいい。

国内線は柔軟なプランが組める

　国内線は燃油サーチャージや空港税等が基本的には不要で、航空券料金（羽田などで徴収される空港施設料は航空券代に含まれている）のみでポイントを獲得することが可能となっている。

　上級会員を目ざす際、フライトによっては宿泊が必要になることもあるが、国内ならばビジネスホテルやカプセルホテル、はたまたマンガ喫茶などですごせば経費を節約することができる。

　1日に何本ものフライトをこなせるのも国内線の魅力だ。国内線は基本的に最初の出発空港でその日乗る飛行機の搭乗手続きがすべて行える。乗り継ぎも30分から1時間で可能なことから、到着してすぐに次のフライトに乗ることができるので効率的なプランが実現できる。

JALで回数達成を目ざすのなら

　JALのサファイアを50回搭乗で目ざす場合は圧倒的に国内線がおすすめだ。国内線でも国際線でも1フライトは同じなので、費用も時間もかかる国際線で回数を

重ねることは上級会員を目ざす手段としては明らかに不向きだからである。

　JALで50回搭乗を目ざすのならば国内線でも距離が短い離島路線やエリア内路線を活用すべきだ。沖縄では那覇〜石垣、那覇〜宮古、那覇〜久米島、九州内では福岡〜宮崎、鹿児島〜屋久島、鹿児島〜種子島、本州内では伊丹〜但馬などは割引運賃ならば片道1万円以下で購入することができて飛行距離も短い。P.137〜で詳しく説明するが、短距離路線ならば1日最大8フライトも可能になる点も見逃せない。

　Life Statusポイントを貯める際も基本は50回搭乗の延長と考えればいい。

国際線はポイント単価が高い

　前項で見たとおり、ポイントを中心に考えるのであれば国際線におけるポイント単価はかなり厳しい状況になっている。

　国際線のなかではポイント単価が優秀といわれている東京〜シドニー線のプレミアムエコノミークラス利用でポイント単価は約30円、東京〜シンガポール線のプレミアムエコノミークラス利用で20円台であり、欧米路線ではほとんどの運賃で論

外になってしまう。

たとえばANAで東京〜シンガポール線をエコノミークラスの安い運賃で利用した場合、5万ポイント獲得まで11往復が必要となり、100万円以上の費用がかかってしまう。P.142で説明するように国際線航空券に国内線区間を追加することで多少ポイント単価は下がるとはいえ、日本で航空券を購入する場合は国際線は国内線とくらべて数倍のコストがかかると考えておくといいだろう。

国際線でもセール運賃が発売されるものの、積算率は30％となるのでポイントを貯めるうえではメリットはほぼない。海外旅行を楽しみながら、効率はよくないがポイントを貯められる、と割り切って利用する分にはいいが、ポイント単価を意識して上級会員を目ざすのならば国際線ではなく国内線を選択するべきだ。

国際線には最低滞在日数が

国際線はポイント単価が厳しいだけではない。お得に購入できる航空券の多くに最低滞在日数が設定されており、アジア行きでは最低でも1泊、欧米行きでは最低2泊、多くの航空券では最低3泊が必要となる。仮に安い航空券が購入できたとしても、現地のホテル代や食事代など滞在費がかかったり、出発から帰国まで日数を要することになるので、観光を楽しむなどプラスαの目的があるケースでないと金銭的な部分におけるメリットは少ないと

国内線、国際線のメリットとデメリット

国内線

○ ポイント単価が優秀
○ 1日に何回ものフライトが可能
△ 搭乗路線が単調になってしまう

国際線

○ 海外旅行を楽しむことができる
✕ ポイント単価が高い
✕ 費用も時間もかかってしまう

いえるだろう。

さらに国際線には燃油サーチャージ等の諸経費がかかる。2023年12月現在、往復で最低でも2万円ほど、ヨーロッパなどでは目的地によっては往復で10万円以上になることも。また、万が一、遅延や欠航となってしまうと、振り替え便がなかなか取れずに予定日に帰国できないというリスクもある。

最終的な結論は、コスト重視であれば間違いなく国内線がベストである。ただ、ポイント単価を追求すると羽田〜那覇線ばかりに乗ることになるため単調になってしまう。たまには国際線を組み合わせるなど、旅行も楽しみつつポイントを貯められるルートを組むのがいいだろう。

✈ 航空券を安く買うための ノウハウ

航空券を少しでも安く買うのに重要となるのが
シーズナリティと出発時刻だ。
また、航空券は空席に応じても料金が上下する仕組みになっていることから、
ホームページのこまめなチェックは欠かせない。

繁忙期は避けよう

上級会員を目ざす際、航空機を利用する時期としてまず避けたいのは繁忙期だ。年末年始や春休み、ゴールデンウィーク、夏休みなどは料金が高騰するのでポイント単価が一気に上がってしまう。とくに年末はステイタス確定間際ということで駆け込みで利用しようと思っている人も多いだろうが、遅くても12月20日までに目標を達成しておかないと、以降は一気に料金が上がってしまう。余裕をもったスケジュールを心がけ、10月には「ゴール日」をしっかり決めておくことをおすすめしたい。

また、3連休や週末なども平日とくらべると料金が高い傾向にある。その一方で日曜日や連休最終日の羽田発地方行きなどは安い場合もあるので空席状況と料金はこまめにチェックしておこう。

航空券の料金は同じ便、同じ運賃でも日によって異なってくる。たとえばポイントを貯めるうえでもっとも効率のいい羽田～那覇線は、午後便ならば事前購入型割引運賃で9000円前後で購入できる日もあれば、同じ便が2万円台、3万円台になる

日もある。当然のことながら料金が変わっても同じ予約クラスであれば貯まるポイントは同じなので、可能な限り安いタイミングで購入して乗りたい。

便数の多い幹線では搭乗時間帯によっても料金が大きく異なる。東京発の場合、東京から出かけるのに便利な午前帯においては料金が高い傾向にあり、午後便のほうが基本的には安い。

どうしても繁忙期に搭乗せざるを得ないときは新幹線との競合路線を狙いたい。羽田～大阪（伊丹、関西、神戸）、羽田～中部、羽田～岡山、羽田～広島、羽田～秋田、羽田～山形などだ。新幹線の料金は繁忙期でもわずかに上がるだけであるため、飛行機も新幹線競合路線は他の路線にくらべると料金の上昇率が少ない傾向にある。これら新幹線競合路線を利用する場合は400ポイントのボーナスポイントが付与される特定便割引（ANAならばANA VALUE、JALならばフレックス）を積極的に利用するのもありだろう。

JALで回数達成を目ざす場合は那覇～石垣、那覇～宮古、那覇～久米島、福岡～宮崎などは価格変動が少ない。繁忙期

◎羽田→那覇便の普通席（ANA SUPER VALUE）の料金の一例

出発時間	7月13日（土）	7月14日（日）	7月15日（祝）
06:15発	36,410円	18,210円	18,210円
06:35発	32,710円	18,210円	18,210円
06:40発	43,910円	28,910円	32,710円
07:30発	36,410円	18,210円	18,210円
08:30発	36,410円	18,210円	18,210円
09:30発	36,410円	18,210円	18,210円
10:30発	28,910円	18,210円	18,210円
11:25発	28,910円	18,210円	18,210円
13:05発	25,210円	18,210円	18,210円
13:50発	32,710円	21,510円	21,510円
14:30発	18,210円	18,210円	18,210円
15:30発	18,210円	18,210円	18,210円
16:25発	18,210円	18,210円	18,210円
16:55発	18,210円	18,210円	18,210円
18:10発	43,910円	25,210円	28,910円
20:00発	18,210円	18,210円	18,210円

6時台、13時台、18時台
という旅行者に都合のいい
時間帯は高めとなる

3連休初日は午前中を中心に
料金が高く、同一便で
他日の約2倍というケースも

最安値

18,210円

ポイント単価＝12.4円

同じ区間、運賃でも
搭乗便によって
これだけの差が出てくる！

最高値

43,910円

ポイント単価＝29.8円

※得られるプレミアムポイントはどちらも1,476

シドニー線は長距離であるうえ路線倍率が1.5倍。100％積算のプレミアムエコノミークラスで往復すればおよそ1万5000ポイントが貯まる。ただ、昨今の航空料金＆燃油サーチャージ高によりポイント単価は優秀とはいえない。

でも空席さえあれば通常期とそれほど変わらない料金での購入が可能だ。

友人に協力してもらう手も

マイルをたくさん持っている家族や友人がいるのであれば、協力してもらうことで安くポイントを貯める方法がある。ANAのいっしょにマイル割の活用だ。JALでも同様の性格のおともdeマイル割引をラインナップしているが、2023年4月11日搭乗分をもって廃止となる。

ANAのいっしょにマイル割はマイレージ会員は往復1万マイルで、同行者は最大3人まで往復2万1400円〜3万6600円で利用可能な運賃で、運賃を支払う同行者は75％積算となる。羽田〜石垣線が通常期は往復3万1600円で購入可能で、片道で1836ポイント、往復で3672ポイントを獲得できる。ポイント単価は約8.7円となるのでかなり効率的だ。便数の多い羽田〜那覇線では往復2万6400円で2952ポイントを貯められ、ポイント単価は約9円となりこちらも優秀だ。

なお、ANAのいっしょにマイル割は搭乗日前日までの購入となっている。

上級会員を目ざす際、飛行機に乗るのは単独という人も多いだろう。だが、この航空券ならば友人や知人を巻き込むことができるので、旅行を楽しみながらポイントを貯めることができる。

改善と改悪のはざまで

2023年現在、ANAのANA SUPER VALUEは原則55日前までは取消手数料は無料（払戻手数料は必要）、JALのスペシャルセイバーは55日前までの取消手数料は税抜運賃額の約5％相当額となっている（払戻手数料は無料）。

以前だと購入した瞬間にキャンセル時には50％の取消手数料が必要だったことから、安い運賃が出ていても決断は難しかった。だが、このルールならばとりあえず購入しておいて、55日前までに自分のスケジュールに応じて判断することができる。これは大きな追い風といえるだろう。

その一方でANA、JALともに株主優待

バンコクへはANAもJALも1日に複数の便が飛んでいる。時間帯の悪い便ならば安く購入できるかもしれない。思い出したらホームページにアクセスして、お得な航空券がないかチェックする習慣を身につけたい。

割引運賃が使いづらくなった。以前は普通運賃に近い予約枠であったことから、直前や繁忙期の予約も入りやすいというメリットがあったが、今では予約枠を大きく絞ってしまったことで、便全体の空席が多くないと予約ができなくなってしまった。ただ、株主優待割引運賃は変更可能であることから、とりあえず予約を入れて決済し、搭乗日までに予定を変更したくなったら変更すればいいという柔軟性はある。まだまだ株主優待割引運賃は強い味方であることは間違いなさそうだ。

国際線航空券ならば

ANA、JALともに期間限定のお得な国際線航空券を販売している。ただし、エコノミークラスではその多くが積算率30％なのでポイントを貯める手段としては不向きといわざるを得ない。

上級クラスに目を向けてみても、ANA、JALともにプレミアムエコノミークラスやビジネスクラスであっても期間限定運賃についてはともに70％の積算率が基本となってしまいポイント単価はいいとはいえない。国際線でポイント獲得を検討する場合は年間を通じて販売されている割引運賃を使うことをおすすめしたい。

航空券はオフシーズンほど安くなるのでホームページにおいて料金の変動をこまめにチェックしたい。本当の意味での出費を抑えるのならば、燃油サーチャージも考慮し、さらに空港税などの諸経費が高い国（とくにイギリス）を避けるなどの工夫も必要になってくる。

海外では航空券の片道販売がスタンダードになりつつあるが、日本国内で販売されているANAやJALの国際線航空券はいまだに往復利用でないと安くならないシステムになっている。

現在、両社ともに掘り出し物の航空券が少なくなっているが、新規就航路線やマイナー路線、また時間帯の悪い便を優先してみると安い航空券が見つかるかもしれない。たとえばアジア便においては1日に複数の便が運航されている路線の、時間帯の悪い便が狙い目になるだろう。

✈ 勝負の1年の計画を たてよう

上級会員になるにはそれなりの搭乗が必要になるため、
事前に綿密なフライトの計画をたてておきたい。
たとえイレギュラーが発生しても柔軟に対応できるよう
あらゆる意味で早め早めのスケジュールを心がけよう。

鉄は熱いうちに打て

ANA、JALともに毎年1月1日～12月31日までの搭乗実績によって翌年度（翌4月～翌々3月）のステイタスが決まる。上級会員になるための条件を1ヶ月以内の短期でクリアする人もいれば、1年をフルに使ってクリアする人もいるだろう。どれだけの期間で達成するかはその人次第であるが、いずれにせよ年間計画はたてておくべきだろう。

計画をたてる際、出費を抑えて上級会員を目ざすのならば、航空券の料金が高騰する繁忙期は搭乗を避けるべきだ。年末年始、春休み、ゴールデンウィーク、夏休み、さらに前項で述べたとおり3連休も除外しておこう。また、予定どおり事が運ばなくてもリカバリすることができるよう、遅くとも10月には条件を達成するつもりで計画はたてておきたい。

より確実を期すならば、世間が夏休みに入る前に条件を達成するつもりで計画をたてたいところ。ANA、JALともに上級会員の条件をクリアした段階で翌4月を待つことなく上級会員としてのサービスを受けることができるので、早く取得することは無駄にはならない。条件達成後は国内線普通席や国際線エコノミークラス利用時も、ラウンジや優先チェックイン、優先保安検査場など上級会員のベネフィットを享受することができるのだ。

また、上級会員になるためにはかなりのフライト数が必要で、途中で心が折れてしまう可能性も充分にある。「鉄は熱いうちに打て」ではないが、情熱があるうちに勢いで一気に乗ってしまったほうが気持ち的にも楽なもの。そのためにも早い段階での達成を目ざして動きたい。

じつは時間はあまりない

仮にお盆休みまでの取得を目ざすとしよう。そこまでには30週ほどあるが、前述の繁忙期や3連休を除くと使えるのは20週と少々しかない。割引率の高い普通席の事前購入型割引運賃で東京～那覇線に搭乗して5万ポイントを達成すると仮定すると17往復必要となることから、感覚的には繁忙期以外の週末はほぼ毎週、沖縄旅行に行かねばならないことになる。繁忙期を加味したとしても2週に1回は沖縄旅

行が必要ということだ。

　そう、我々に与えられている時間はあまりないのである。

　実際、このペースで時間を割くことができるかどうかわからず、予定がずれ込んでいくことも充分にあるだろう。そうなったときに確実に対応するためにも早い時期での目標達成を想定しておくべきだ。1日に何度も搭乗したり、より多くのポイントを獲得できる上級クラスを利用したりと、航空券を手配する時間さえあれば怒涛の追い込みも可能となる。逆に時間がないと、高い航空券を買わざるを得なかったり、無茶な行程を強いられたりと、経済的にも体力的にも追い込まれることになってしまう。

　飛行機に乗り続けるのはかなり体力を消耗するもの。1日に何度も搭乗しなければならない事態になったら、コストは上がってしまうが上級クラスの利用を考慮したい。国内線はANAならプレミアムクラス、JALならファーストクラスやクラスJ、国際線ではプレミアムエコノミークラスやビジネスクラスを利用すれば、快適で体力

的にかなり楽だし、得られるポイントそのものも多くなる。

国内線は予約しやすくなった

　数年前に国内線の予約受付開始日が変更され、ANAは搭乗の355日前、JALは330日前から予約可能となった。そしてJALは2024年3月26日予約操作分より搭乗の360日前からの予約が可能になる。早い段階から予定を組めるようになったのは朗報といえるだろう。

　前述のとおり現在、ANAのANA SUPER VALUEは原則55日前までは取消手数料は無料、JALのスペシャルセイバーは55日前までの取消手数料は税抜運賃額の約5％相当額となっている。以前は購入した時点で万が一、出かけられなくなったときは半額以上の取消手数料が必要だったことを考えると両社ともに利用しやすくなった。お得な航空券を見つけたら、ちゅうちょすることなく予約を入れられるようになったメリットはかなり大きい。

　ANAは355日前、JALは330日前（2024

何度も搭乗を重ねると、空港に行くことすら苦痛になり、途中で断念してしまう可能性も。「上級会員になる！」と決意した気持ちが冷めないうちに条件を達成するようなスケジュールを組みたい。

年3月26日予約操作分からは360日前）から航空券の予約が可能となったと述べたが、事前購入型割引運賃の航空券の発売日はANAとJALでルールが異なる。

JALにおいてはすべての事前購入型割引運賃において330日前（2024年3月26日予約操作分からは360日前）からの予約受付開始となる。

ANAについては2020年2月6日まではおもな事前購入型割引運賃は運航ダイヤ期間ごとの一斉発売だったが、2020年2月7日予約分より普通席のANA VALUEとANA SUPER VALUEについては搭乗355日前から予約可能となった。

プレミアムクラス専用運賃であるANA VALUE PREMIUM 3、ANA SUPER VALUE PREMIUM 28、そしていっしょにマイル割は従来どおり運航ダイヤ期間ごとの一斉発売が継続され、乗り継ぎタイプの割引運賃であるANA VALUE TRANSIT、ANA SUPER VALUE TRANSITもこれまで同様、搭乗2ヶ月前の1日からの予約開始となっている。

航空券争奪戦のスタートは

国内線ではANA、JALともに事前購入型割引運賃のポイント単価が優秀だ。JALで同数での達成を目ざす場合はなおさら事前購入型割引運賃が重宝する。

事前購入型割引運賃をメインに条件達成を目ざす場合、計画はいつからたてればいいのだろうか？

2025年を条件達成の「勝負の1年」と位置づけたとしよう。1月から搭乗する場合、搭乗の約1年前から予約開始の運賃はシンプルであるが、ANAのプレミアムクラスの事前購入型割引運賃はかなり複雑だ。2024年1月〜3月末搭乗分の一斉売り出しは2023年の8月下旬、2024年3月末〜10月末搭乗分は2024年1月下旬、

国内線事前購入型割引運賃の発売時期

	運賃	予約開始日
ANA	ANA VALUE 1、ANA VALUE 3、ANA VALUE 7、ANA SUPER VALUE 21、ANA SUPER VALUE 28、ANA SUPER VALUE 45、ANA SUPER VALUE 55、ANA SUPER VALUE 75	搭乗355日前の午前9時30分
	ANA VALUE PREMIUM 3、ANA SUPER VALUE PREMIUM 28、いっしょにマイル割	夏ダイヤ（3月の最終日曜日〜10月の最終日曜日の直前の土曜日）は1月下旬、冬ダイヤ（10月の最終日曜日〜翌年3月の最終日曜日の直前の土曜日）は8月下旬
JAL	セイバー、スペシャルセイバー	搭乗330日前の午前9時30分。2024年3月26日予約操作分からは搭乗360日前の午前0時

2024年10月末〜12月搭乗分は2024年8月下旬と3度にわけての発売となる。

いずれにせよ、条件を取得したい年の前年には航空券は売り出されているわけなので、最安値の航空券を高確率で手に入れたいのならば、かなり前からの準備が必要というわけだ。

とはいえ、そんなに前の段階でスケジュールを確定させるのは難しいだろう。実際としては割引率の高いANA SUPER VALUE 75、JALではスペシャルセイバーの購入を目ざして、3ヶ月ほど先の計画をたてていくのが現実的だと思われる。

直前になって急に時間が確保できて国内線に乗れそうなときは株主優待割引運賃の利用がおすすめ。従来にくらべて予約枠に制限が出ているとはいえ急な搭乗の際はとても重宝する。

出張がある人は

業務出張で飛行機を使うことができれば上級会員がぐっと近づく。国内出張では新幹線を使う機会が多いかもしれないが飛行機利用を検討してみよう。東京〜大阪、東京〜岡山、東京〜広島はもちろん、函館出張も飛行機を選び、JALなら青森出張も羽田〜青森線を利用しよう。

強者は東京から名古屋へも飛行機を選択するほどだ。羽田〜中部線はそもそもは中部エリアから海外へ出かける人の羽田乗り継ぎのための便であるが、この区間だけを利用する人も多い。安いと片道8000円台での購入も可能で、ANAは1日1往復、JALは1日2往復で運航されている。『の

ぞみ』だと東京〜名古屋は約1時間40分、飛行機は新幹線利用にくらべるとタイムロスは大きいものの、上級会員には確実に近づくことになる。出張の機会は積極的に活用していこう。

ANA プレミアムクラス割引運賃の発売イメージ

ANAのプレミアムクラスの事前購入型割引運賃であるANA VALUE PREMIUM 3、ANA SUPER VALUE PREMIUM 28は1年を夏ダイヤと冬ダイヤにわけ、毎年1月下旬と8月下旬に一斉発売される。1月〜3月末搭乗分は前年8月下旬に一斉発売となるので忘れずに予約しておきたい。3月末〜10月末までの夏ダイヤも1月下旬に一斉発売となるため、計画は前年の早い時期にたてておこう。

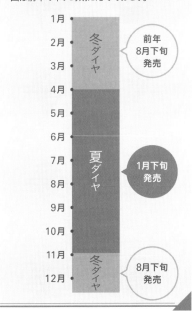

✈ ポイント単価のいい
国内線路線

ポイントによる条件達成においては、
ポイント単価を1ポイント＝10円近くに抑えたいものである。
ANA、JALの国内線において、
ポイント単価のいいルートを探っていこう。

沖縄路線を軸に考えよう

以前は旅割と呼ばれ、現在ではANA SUPER VALUEという名称で販売されている事前購入型割引運賃。なかでも割引率の高い、75日前まで購入可能なANA SUPER VALUE 75の購入を考えたい。

2024年3月搭乗分でANA SUPER VALUE 75においてプレミアムポイントの単価が10円近くになる路線を調べてみた。同じ路線でも日にち、便によって料金は異なるが、今回は最安値のみに着目している。

まず圧倒的に安いのは羽田〜那覇線になる。最安値で羽田発が1万2100円（ポイント単価8.2円）となる。片道で1476ポイントを獲得できることから1万4760円以下で購入できればポイント単価は10円以下となる。確実に10円以下にするためにも75日前には購入しておきたいところだ。

多くのポイントを獲得できる羽田〜石垣線も活用したい。最安値は羽田発は1万7970円（ポイント単価9.8円）となる。

首都圏在住者においては、羽田からの沖縄路線を活用することが上級会員への近道であることは間違いなさそうだ。また、羽田〜鹿児島線にも注目したい。最安値

ANA SUPER VALUE SALEの沖縄路線に注目！

ANA SUPER VALUE SALEは期間限定で一部便にのみ設定されるウェブサイト専用の運賃。積算率は50％になるが、羽田〜石垣、羽田〜宮古が1万円ほどで販売されることがある。いずれもプレミアムポイントは1000を超えるので、1万円で買えればポイント単価は10円を下回る。

羽田〜石垣
プレミアムポイント
1,224

羽田〜宮古
プレミアムポイント
1,158

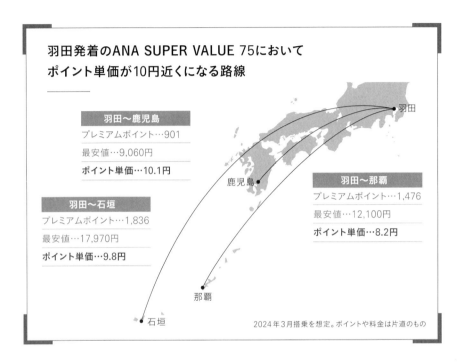

羽田発着のANA SUPER VALUE 75において
ポイント単価が10円近くになる路線

羽田～鹿児島
プレミアムポイント…901
最安値…9,060円
ポイント単価…10.1円

羽田～石垣
プレミアムポイント…1,836
最安値…17,970円
ポイント単価…9.8円

羽田～那覇
プレミアムポイント…1,476
最安値…12,100円
ポイント単価…8.2円

羽田

鹿児島

那覇

石垣

2024年3月搭乗を想定。ポイントや料金は片道のもの

が片道9060円で901ポイントを獲得できるためポイント単価は約10円となる。

定期的に発売されるANA SUPER VALUE SALEは見逃してはならない運賃だ。一部期間において一部便のみに設定されるセール運賃で、羽田～那覇、羽田～石垣、羽田～宮古において片道1万円ほどで販売されることがある。積算率は50％でANA SUPER VALUEよりもさらに低いものの、50％でも羽田～石垣で片道1224ポイントが加算されることから1万円で買えればポイント単価は8.2円ほどになるので使わない手はないだろう。ANAのメールマガジンに登録しておくことで、ANA SUPER VALUE SALEの最新の情報を把握することができる。

東京発以外のお得な路線

ANA SUPER VALUE 75においてポイント単価が10円に近くなる路線としては大阪3空港発着便も見逃せない。伊丹～新千歳、関西～新千歳、神戸～新千歳（AIRDO運航便含む）、伊丹～那覇、関西～那覇、神戸～那覇（ソラシドエア運航便）の6路線だ。大阪3空港～新千歳で999ポイント、大阪3空港～那覇で1108ポイントが獲得できる。伊丹～新千歳の最安値は1万3140円（ポイント単価13.2円）、関西～新千歳の最安値は1万3240円（ポイント単価13.3円）、神戸～新千歳の最安値は1万2800円（ポイント単価12.9円）、伊丹～那覇の最安値は1万

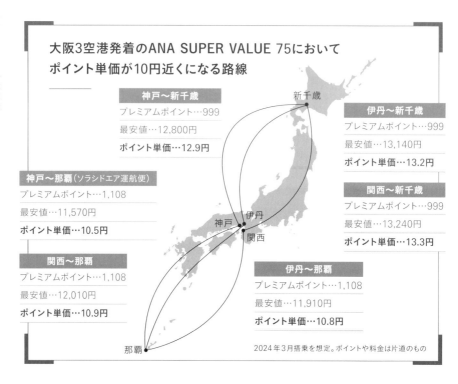

大阪3空港発着のANA SUPER VALUE 75において
ポイント単価が10円近くになる路線

神戸～新千歳
プレミアムポイント…999
最安値…12,800円
ポイント単価…12.9円

伊丹～新千歳
プレミアムポイント…999
最安値…13,140円
ポイント単価…13.2円

神戸～那覇（ソラシドエア運航便）
プレミアムポイント…1,108
最安値…11,570円
ポイント単価…10.5円

関西～新千歳
プレミアムポイント…999
最安値…13,240円
ポイント単価…13.3円

関西～那覇
プレミアムポイント…1,108
最安値…12,010円
ポイント単価…10.9円

伊丹～那覇
プレミアムポイント…1,108
最安値…11,910円
ポイント単価…10.8円

2024年3月搭乗を想定。ポイントや料金は片道のもの

1910円（ポイント単価10.8円）、関西～那覇の最安値は1万2010円（ポイント単価10.9円）、神戸～那覇線は1万1570円（ポイント単価10.5円）となっている。これらの路線にはLCCも多く就航しているため、ANA便も割安で販売される傾向にあるよう。最安値で購入できなくても最安値近くで買えることが多いのでおすすめだ。首都圏在住者なども大阪エリアまでANA便で移動して利用する方法もあるほか、ポイントは貯まらないがLCCのセール運賃で関西空港に入っての利用も考えられる。

中部空港発着路線においてもLCCとの競合となる中部～新千歳、中部～那覇の路線が割安の設定になっている。中部～新千歳では最安値1万2690円（ポイント単価13.8円）、中部～那覇では最安値が9480円（ポイント単価7.9円）となる。中部～那覇の一部便はソラシドエア運航便の場合もある。

それ以外では福岡～新千歳が最安値1万3680円（ポイント単価10.4円）でお得な路線となっている。

こんなルートもある

搭乗日2ヶ月前から28日前まで購入可能なANA VALUE TRANSIT、ANA SUPER VALUE TRANSITも上手に活用することでポイント単価が10円近くとなる。ANA VALUE TRANSIT、ANA SUPER VALUE

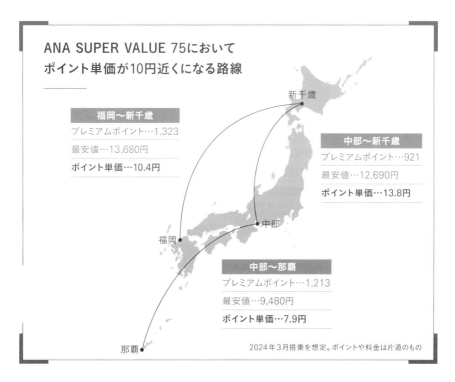

ANA SUPER VALUE 75において
ポイント単価が10円近くになる路線

福岡〜新千歳
プレミアムポイント…1,323
最安値…13,680円
ポイント単価…10.4円

中部〜新千歳
プレミアムポイント…921
最安値…12,690円
ポイント単価…13.8円

中部〜那覇
プレミアムポイント…1,213
最安値…9,480円
ポイント単価…7.9円

新千歳
中部
福岡
那覇

2024年3月搭乗を想定。ポイントや料金は片道のもの

TRANSITは直行便が就航していない区間や主要都市間を結ぶ路線において、乗り継ぎをすることを条件に割引される運賃となっている。なお、すべての路線に設定されているわけではない。

おすすめの区間の一つが稚内→羽田→那覇の乗り継ぎルートで、ANA SUPER VALUE TRANSIT 75では最安で片道2万5780円となっている。片道で2494ポイントが獲得できてポイント単価は10.4円となる。ただし、調査時は那覇→羽田→稚内には設定されていなかった。

そのほかでは鹿児島〜羽田〜稚内の乗り継ぎルートは最安値が片道2万500円となっており、片道2319ポイントが獲得

可能なのでポイント単価は8.9円となる。朝7時15分に鹿児島空港を出発して羽田乗り継ぎで稚内に12時35分に到着するが、折り返し便に搭乗することも可能だ。稚内を13時10分に出発し、羽田乗り継ぎで18時35分に鹿児島に到着。羽田行きの最終便にも間に合い、この区間はANA SUPER VALUEを利用すれば1日でおよそ5500ポイントを獲得することができる。

プレミアムクラスはどうか？

28日前までに購入するとお得にプレミアムクラスを利用できるANA SUPER VALUE PREMIUM 28は以前は割安感があったが、ここ数年で大幅に値上げされポイント単

ANA SUPER VALUE TRANSIT 75で
ポイント単価が10円近くになるルート

ANA VALUE TRANSIT、ANA SUPER VALUE
TRANSITは乗り継ぎをすることを条件に割引され
る運賃。特定の路線に設定されている。

鹿児島〜羽田〜稚内
プレミアムポイント…2,319
最安値…20,500円
ポイント単価…8.9円

※折り返し便に搭乗して往復する
ことも可能。鹿児島では羽田行き
の最終便に乗れ、その区間をANA
SUPER VALUEで搭乗すれば1日
で約5500ポイント獲得できる

稚内→羽田→那覇
プレミアムポイント…2,494
最安値…25,780円
ポイント単価…10.4円

※逆区間には設定されていない

稚内
羽田
鹿児島
那覇

2024年3月搭乗を想定。ポイントや料金は片道のもの

価は一気に悪化した。かつてはポイント単価10円であった羽田〜オホーツク紋別線も現在のポイント単価は約14円だ。

　プレミアムクラスを利用したい場合は普通席の割安な運賃を購入し、空席があったらアップグレードするのがいいだろう。アップグレードの手続きは搭乗2日前からホームページで可能だ。アップグレード料金は路線ごとに設定されているので、ポイント単価を算出して得かどうかを判断したい。

　ここまでに何度か触れたが、直前予約において重宝されていた株主優待割引運賃も予約枠に制限が設けられたことで繁忙期での事前予約が難しい状況になっている。ポイント単価も厳しいものがあり、

羽田〜那覇でポイント単価15円、羽田〜石垣でポイント単価17.4円となる。株主優待券を持っていなければチケットショップなどで購入することになるのでポイント単価はさらに悪くなってしまう。

那覇は距離があるので多くのポイントを獲得することができる。
そのうえ料金は安めなのでポイント単価は優秀だ。

ポイント単価のいい国内線路線

JAL編

目標はポイント単価＝10円近く

JALにおいて1FLY ONポイント＝10円近くを考えるのであれば、片道1万円台のスペシャルセイバーを探そう。羽田発着路線なら見つけることができるはずだ。

おすすめしたい路線は3つ。羽田〜那覇、羽田〜石垣、羽田〜宮古の沖縄3路線だ。この3路線の普通席はスペシャルセイバーにおいて1万円台で購入できることが多い。2024年3月搭乗分で調べてみると、羽田〜那覇は1万2710円で購入可能なほか、羽田〜石垣は1万7970円、羽田〜宮古は2万170円となっていた。羽田〜那覇は便数が多いことから早い時期から予約すれば希望日に安く乗ることも可能

であるのに対し、羽田〜石垣と羽田〜宮古は競争率が高いことを頭の中に入れておくといいだろう。JALの航空券は事前購入型割引運賃も含め発売開始は搭乗の330日前、2024年3月26日予約操作分より360日前なので、争奪戦は約1年前から開始ということだ。

スペシャルセイバーの積算率は75％でボーナスポイントは200となる。羽田〜那覇で1676ポイント、羽田〜石垣で2036ポイント、羽田〜宮古で1938ポイントが加算されるため、那覇行きでは1万2710円で買うとポイント単価は7.6円、石垣行きでは1万7970円で買うとポイント単価は8.9円、羽田〜宮古は2万170円で買うとポイント単価は10.5円となる。

なお、JALではJALカード会員には毎年の初回搭乗時に5000FLY ONポイントを付与してくれるので、実質4万5000FLY ONポイントの獲得でサファイアに到達できる。ということは羽田〜那覇なら27回の搭乗で目標達成だ。もし当日、空席があればクラスJ（ポイントは積算率が10％アップ）もしくはファーストクラス（ポイントは積算率が50％アップ）に搭乗し、さらに多くのポイントを貯めよう。

ちなみに搭乗前日まで購入できるセイバーと、28日前まで購入できるスペシャルセイバーでは得られるポイントは同じ。当然ながら一般的にはセイバーよりも料金の安いスペシャルセイバーのほうがポイント単

5000FLY ONポイントの プレゼント

JALではJALカード会員を対象に、その年の初回搭乗時に5000FLY ONポイントが加算されるキャンペーンを行っている。「5万FLY ONポイント」でサファイアを目ざす場合、実質4万5000FLY ONポイントで条件達成というわけだ。「50回以上の搭乗かつ1万5000FLY ONポイント以上」での達成を目ざす際も、実質「50回以上の搭乗かつ1万FLY ONポイント以上」でいい。ただし、キャンペーンの対象となるのはマイルが積算される運賃で、特典航空券などは該当しない。

たまには宮古島、石垣島、久米島以外の島を訪れてみるのもいいだろう。日本最西端の与那国島は那覇と石垣からJALグループのRACでアクセスすることができる。

価はよくなる。早くから日程を確定するのは難しいかもしれないが、ポイント単価を下げたければ早めの予約は欠かせない。

回数達成のほうがいいかも

JALではコストを抑えるという点ではポイントよりも「搭乗回数50回」でサファイアの条件をクリアしたほうが効率的かもしれない。Life StatusプログラムにおいてJALグローバルクラブを目ざす際も搭乗回数重視となるのは前述のとおりだ。

回数で目ざす場合はとにかく安い運賃を追求するに限るが、サファイアについては「1万5000FLY ON ポイント以上」も考慮しなければならない。JALカード会員なら毎年初回搭乗時に5000ポイントが付与されるので実質、「1万FLY ON ポイント以上」となる。

注目路線は那覇〜宮古、那覇〜石垣、那覇〜久米島の離島路線だ。2023年12月に確認したところ、2024年3月搭乗の普通席のスペシャルセイバーの最安値は

那覇〜宮古線は9000円台、那覇〜石垣線は7000円台、那覇〜久米島線は6000円台となっていた。参考までに2024年4月搭乗のスペシャルセイバーの最安値を確認したところいずれも5000円台で見つけることができた。早い段階で計画しておけばより安く購入できるようだ。

単純計算になるがこれらの路線に48回（24往復）搭乗し、さらに羽田〜那覇をスペシャルセイバーで1往復すれば「50回以上の搭乗かつ1万5000FLY ON ポイント以上」というサファイア達成の条件をクリアすることができる。那覇〜宮古、那覇〜石垣、那覇〜久米島を平均5500円で乗れたとすると48回利用で26万4000円。羽田〜那覇1往復分のスペシャルセイバーをプラスしても30万円ほどに抑えることができる。

沖縄離島路線は機窓からの景色も楽しみの一つ。写真は久米島〜那覇便から望む久米島のはての浜。

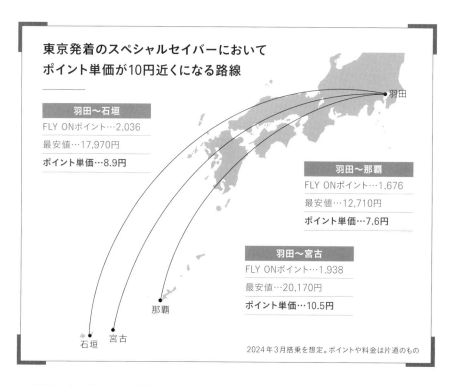

東京発着のスペシャルセイバーにおいて ポイント単価が10円近くになる路線

羽田〜石垣
FLY ONポイント…2,036
最安値…17,970円
ポイント単価…8.9円

羽田〜那覇
FLY ONポイント…1,676
最安値…12,710円
ポイント単価…7.6円

羽田〜宮古
FLY ONポイント…1,938
最安値…20,170円
ポイント単価…10.5円

羽田

那覇

石垣　宮古

2024年3月搭乗を想定。ポイントや料金は片道のもの

那覇〜宮古線は1日9往復、那覇〜石垣線と那覇〜久米島線は1日7往復と便数が豊富なので、那覇を拠点に宮古、石垣、久米島へ往復を重ねることにより、1日で8フライトが可能となる（P.137〜参照）。

とくに那覇〜久米島線はおすすめだ。時刻表上でわずか35分のフライトとなっており、宮古や石垣へ飛ぶよりも肉体的には楽といえる。かつての先得割引、スーパー先得、ウルトラ先得だとボーナスポイントがゼロだったので1区間でわずか88ポイントしか貯まらず、「1万5000FLY ONポイント以上」がネックとなっていたが、新運賃のスペシャルセイバーではボーナスポイント200が加算されるので回数達

成の有力な候補となった。

九州、近畿内路線も候補に

回数での達成では福岡〜宮崎線にも注目したい。九州内は鉄道移動が不便であることから飛行機の便数が多く、福岡〜宮崎線はJALだけで1日7往復飛んでいる。2024年3月搭乗のスペシャルセイバーでは5000円台からの設定となっているので料金的にはお得といえるだろう。福岡〜宮崎は那覇〜久米島線同様、かつての先得割引、スーパー先得、ウルトラ先得ではボーナスポイントがゼロだった。そのため「1万5000FLY ON ポイント以上」がネックとなっていたが、ボーナスポイント

200が加算されるスペシャルセイバーでは50回搭乗すれば「1万5000FLY ON ポイント以上」に到達する。

　近畿圏であれば伊丹〜但馬線を活用する方法もある。スペシャルセイバーの最安値は2024年2月搭乗で5000円台、2024年3月搭乗で8000円台、2024年4月搭乗で1万1000円台とばらつきが激しかったため料金はこまめにチェックしたい。フライト時間は35分ほどで疲労は少ないのがメリット。1日2往復が可能で、1往復目は9時頃、伊丹を出発して伊丹に戻ってくるのが10時40分、2往復目は17時頃、伊丹発で伊丹戻りが18時40分となる。1往復目と2往復目の間にフライトを入れることも可能だ。また、首都圏在住者ならば羽田〜伊丹線と組み合わせられるため使い勝手がよい路線といえる。

川平湾は石垣島を代表する観光スポット。空港でレンタカーを借りれば平久保崎灯台とあわせて半日もあればまわれる

　50回すべてのフライトを同じエリアで完結させる方法もあるが、せっかくなので沖縄、九州、近畿と分散させるのもおもしろいだろう。JALは搭乗の330日前、2024年3月26日予約操作分より360日前から航空券の予約が可能であるため年間計画がたてやすい。安い運賃を早めに予約することを心がけよう。

たんに往復するだけではなく、時には島の奥にも足を延ばしたい。こちらは石垣島最北端に位置する平久保崎灯台。

回数達成で注目したい路線

JALではポイントよりも回数クリアのほうがコストがかからず30万円以下での達成も可能だ。Life StatusプログラムにおいてJALグローバルクラブを目ざす際も搭乗回数を重視したい。注目すべきは那覇と久米島、宮古、石垣を結ぶ路線、そして福岡〜宮崎線、伊丹〜但馬線だ。いずれもスペシャルセイバー

が安めに設定されている。かつての先得割引、スーパー先得、ウルトラ先得だとボーナスポイントがゼロだったのでポイントが少なく、これらの路線ばかりに乗っていると「1万5000FLYON ポイント以上」がネックとなっていたが、スペシャルセイバーではボーナスポイント200が加算されるのでその心配はなくなった。

那覇〜宮古、石垣、久米島便はスペシャルセイバーの最安値はいずれも1万円以下。これらの路線に24往復搭乗し、さらに羽田〜那覇を1往復すればサファイアの条件を達成できる。安い料金で乗れれば航空券代を30万円以下に抑えることが可能だ。

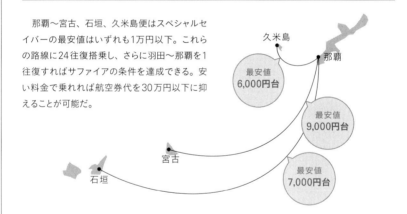

スペシャルセイバーの最安値は福岡〜宮崎線で5000円台、伊丹〜但馬線も5000円台となる。福岡〜宮崎は1日5往復が可能だが、伊丹〜但馬線は1日2往復のみとなる。

※料金はいずれも最安値（片道）の目安

✈ 日帰り or 1泊2日の
国内線詰め込みルート

多忙で時間がなかったり、少しでも早く条件を達成したい場合は、
休日に集中して飛行機に乗りまくるのが最善手。
ここでは日帰りもしくは1泊2日の日程で、
効率よくポイントや回数を稼げる国内線ルートを考えてみよう。

軸となる運賃と路線

ANAの国内線を利用して効率よく5万プレミアムポイントを目ざすルートを考えてみよう。ここまで見てきたとおり、選ぶべき運賃はポイント単価に優れたANA SUPER VALUEもしくはANA SUPER VALUE TRANSITとなる。軸となる路線は羽田〜那覇線で、1区間のプレミアムポイントはANA SUPER VALUEで1476、ANA SUPER VALUE TRANSITは搭乗ポイントが200つくので1676となる。羽田〜那覇線は1日で2往復することが可能で、4フライトで5904ポイントを獲得できる。この羽田〜那覇線のみを利用した場合、1日2往復の日を8日、そして1日1往復の日を1日で5万プレミアムポイントを超える。つまり単純計算では9日あればANAのプラチナになることができる。

金曜の夜からスタートしよう

週末に搭乗するのであれば金曜の夜からスタートすれば効率がよくなる。

羽田から那覇への最終便は21時台出発となっており、金曜日のうちに那覇入りして宿泊。土曜日は那覇から羽田を2往復して那覇でもう1泊し、日曜日はANA SUPER VALUE TRANSITで割安な料金が設定されている那覇〜羽田〜新千歳〜羽田〜那覇という日本縦断ルートを往復搭乗して最終便で羽田に戻る。

初日に1476プレミアムポイント、2日目に5904プレミアムポイント、3日目には6758プレミアムポイントを獲得できるから、3日間で合計1万4138プレミアムポイントとなる。この2泊3日の行程を4回行えば5万6552ポイントになるので、4回目は若干行程を短くしても5万プレミアムポイント達成でプラチナを得ることができる。

できる限り搭乗回数を減らしたいのであれば各路線でプレミアムクラスへのアップグレードをおすすめする。ANAマイレージクラブ会員は空席があれば2日前からANAホームページ上でプレミアムクラス

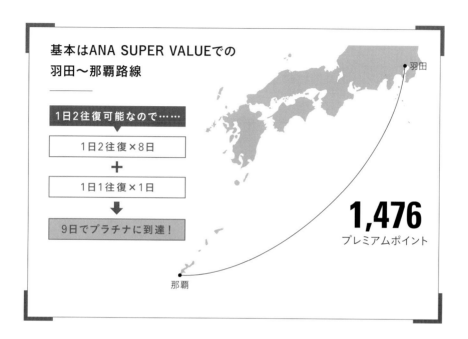

基本はANA SUPER VALUEでの
羽田〜那覇路線

1日2往復可能なので……

1日2往復×8日

＋

1日1往復×1日

↓

9日でプラチナに到達！

羽田

1,476
プレミアムポイント

那覇

へのアップグレードが可能となっており、追加料金は羽田〜那覇では1万4000円（当日は1万5000円）、羽田〜新千歳でも1万4000円（当日は1万5000円）となる。プレミアムクラスは上級会員になったら入ることができるラウンジを利用できるし、食事時間帯であれば機内で軽食が提供されアルコールも無料だ。そしてなによりシートが広いので長距離フライトも苦にならない。プレミアムポイントも普通席よりも多く加算される形になる。

　アップグレードするとポイント単価が悪化してしまうが、1回のフライトで多くのポイントが貯められるのは大きなメリットだ。とりわけ羽田〜那覇線ではかつてアップグレード料金が9000円だったときはつねに満席状態が続いていたが、1万4000円に

値上げされてからは以前にくらべるとアップグレードできる可能性は高くなった。また、2日前にプレミアムクラス搭乗が確定できるようになったことも大きい。

　ANA SUPER VALUE TRANSITについては羽田乗り継ぎだけでなく伊丹、関西といった空港での乗り継ぎルートもあるので、たまには気分転換に料金を調べながら様々なルートを使ってみるのもありだろう。

あえて乗継便という選択肢

　ANA SUPER VALUE SALEで羽田〜石垣や羽田〜宮古などが設定されていれば、コストパフォーマンス的に優れているので狙ってみたい。とくに羽田〜石垣は、朝の羽田発石垣行きに搭乗してそのまま羽田に戻り、さらに羽田〜那覇を同日中に

那覇を何度も訪れることになるが那覇は何回訪れても楽しいところ。海鮮にオリオンビールと料理も魅力にあふれている。

1往復することも可能なので検討する意味は充分にある。

　また、直行便がある区間でも、ANA SUPER VALUE TRANSITが設定されていればあえて乗継便を選択するという手もある。とくに羽田〜石垣、羽田〜宮古などはANA SUPER VALUE TRANSITを利用して那覇を経由することによりポイント単価が低くなることが多い。たとえば2024年3月搭乗で検索してみると、羽田〜石垣のANA SUPER VALUE 75の最安値は1万7970円。得られるプレミアムポイントは1836なのでポイント単価は9.8円となる。一方、同日ANA SUPER VALUE TRANSIT 75を利用した羽田〜那覇〜石垣の最安値は1万9990円。プレミアムポイントは2246なのでポイント単価は9円とわずかではあるが良化した。

　このようなケースはほかにもあるので、ANA SUPER VALUE TRANSITを利用した乗継便にも注目したい。

　すべてに共通することだが、大切なのは早めに計画をたてて航空券が安いうちに購入し、最終的に取消手数料が発生する55日より前にフライトを決断するという流れをつくること。この流れに慣れてしまえばいろいろなことがスムーズにいくようになるだろう。

沖縄の島々は独特の魅力にあふれている。時間が許すならば何日か滞在し、石垣島を拠点に離島巡りを楽しみたい。

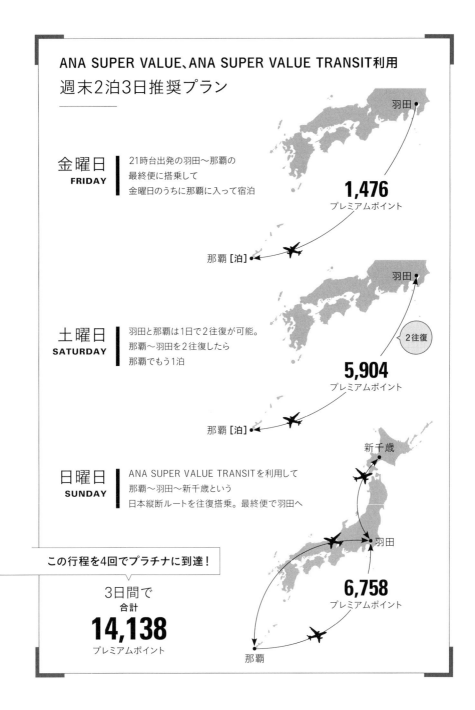

ANA SUPER VALUE、ANA SUPER VALUE TRANSIT利用
週末2泊3日推奨プラン

金曜日
FRIDAY

21時台出発の羽田～那覇の
最終便に搭乗して
金曜日のうちに那覇に入って宿泊

羽田

1,476
プレミアムポイント

那覇[泊]

土曜日
SATURDAY

羽田と那覇は1日で2往復が可能。
那覇～羽田を2往復したら
那覇でもう1泊

羽田

2往復

5,904
プレミアムポイント

那覇[泊]

日曜日
SUNDAY

ANA SUPER VALUE TRANSITを利用して
那覇～羽田～新千歳という
日本縦断ルートを往復搭乗。最終便で羽田へ

新千歳

羽田

6,758
プレミアムポイント

那覇

この行程を4回でプラチナに到達！

3日間で
合計
14,138
プレミアムポイント

ANA SUPER VALUE TRANSITを活用しよう

　直行便がある区間でも、ANA SUPER VALUE TRANSITが設定されていれば乗継便を利用することによりポイント単価が良化することがある。ANA SUPER VALUE TRANSITを利用するとANA SUPER VALUEよりも料金が高くなることもあるが、搭乗ポイントが1区間あたり200ポイントつくのでそれがポイント単価良化につながる。とくに羽田〜石垣線、羽田〜宮古線は直行便があるものの便数が少なく予約が取りにくい。そんなときこそANA SUPER VALUE TRANSITを活用したい。

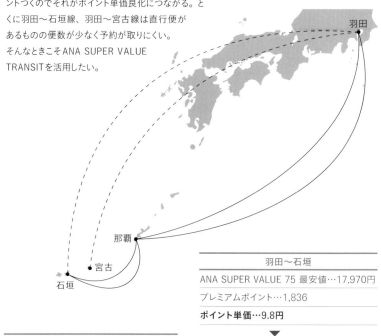

羽田〜石垣
ANA SUPER VALUE 75 最安値…17,970円
プレミアムポイント…1,836
ポイント単価…9.8円

羽田〜那覇〜石垣
ANA SUPER VALUE TRANSIT 75最安値…19,990円
プレミアムポイント…2,246
ポイント単価…9円

羽田〜宮古
ANA SUPER VALUE 75最安値…20,170円
プレミアムポイント…1,737
ポイント単価…11.7円

羽田〜那覇〜宮古
ANA SUPER VALUE TRANSIT 75最安値…23,070円
プレミアムポイント…2,141
ポイント単価…10.8円

2024年3月搭乗を想定。
ポイントや料金は片道のもの

日帰り or 1泊2日の国内線詰め込みルート
 **JAL**編

短距離で運航本数の多い路線

　前述のとおりJALでサファイアを目ざすのなら、ポイントよりも50回搭乗のほうがコスト的には安く済むことが多い。JAL Life StatusプログラムでLife Statusポイントを貯めてJALグローバルクラブ入会を目ざす場合も同様だ。

　早期達成の王道は短距離路線を1日複数回利用することだ。だが、短距離で安ければいいというものではなく運航本数も大切になる。午前中、出発して昼前には目的地に着いたものの、復路便の出発が夕方のみというのでは詰め込みという意味では効率が悪い。短距離かつ運航本数の多い路線に注目すべきだ。

　JALの同一路線で1日における最大の往復数を検証してみると5往復となった。その路線が福岡～宮崎だ。福岡空港を7時に出発し、21時に戻るまで10フライトが可能となる。ただ、30分乗り継ぎも多いので少しリスクがある。1日10フライト飛べば5日間で50フライトが可能で、すべてスペシャルセイバーで搭乗しても「1万5000FLY ONポイント以上」をクリアすることができる。

　1日4往復になると路線数は一気に増える。4往復可能なのは羽田～伊丹、羽田～秋田、伊丹～新潟、伊丹～出雲、伊丹～宮崎、鹿児島～種子島、鹿児島～屋久島、那覇～宮古、那覇～石垣、那覇～久米島の10路線となる。ただし、冬ダイヤ

では4往復が不可となる路線もあるので事前によく確認してもらいたい。

　首都圏在住で1日にフライトを詰め込みたい場合は羽田発着の羽田～伊丹、羽田～秋田の利用となる。コストは少しかかってしまうがそれほどの遠出をせずに回数をこなすことができる。とくに羽田～伊丹線は回数達成のために利用されることが多い。

　那覇発着の3路線は那覇を朝、出発して宮古、石垣、久米島など8フライトを飛んだ後、那覇発羽田行きの最終便に乗り継げるので1日で9フライトが可能となっている。短期間でフライト数を稼ぐのなら那覇～宮古、石垣、久米島、もしくは前述の福岡～宮崎線を集中して利用する方法がもっとも効率がいい。

　首都圏の人が那覇発着路線に数日かけて繰り返し搭乗する場合、初日は羽田からの移動を含めて7フライト、2日目以降は那覇で宿泊すれば1日8フライト、そして羽田へ戻る最終日は9フライトが可能となる。つまり、1泊2日で16フライト、2泊3日で24フライト、3泊4日で32フライト、4泊5日で40フライト、5泊6日なら48フライトとなる。疲労などを考慮すると2泊3日のプランを2回で48フライトというのが現実的だろうか。1日8フライトのルートも、料金と相談しながら宮古、石垣、久米島から選択するといいだろう。

　福岡～宮崎線は福岡起点なら1日10フライト可能だが往路、復路ともに羽田便と

JAL国内線 1日4往復可能な区間

　JAL国内線でサファイアを目ざす場合、ポイントよりも回数での達成のほうが安く、早く済ませることができる。短距離路線を複数回搭乗することで、より早く達成することが可能だ。なお、福岡〜宮崎のみ1日5往復することができる。

羽田〜秋田
所要：約1時間10分

伊丹〜新潟
所要：約1時間

伊丹〜出雲
所要：約50分

福岡〜宮崎
所要：約50分
※1日5往復可能

羽田〜伊丹
所要：約1時間10分

伊丹〜宮崎
所要：約1時間10分

鹿児島〜屋久島
所要：約40分

鹿児島〜種子島
所要：約40分

那覇〜久米島
所要：約35分

那覇〜石垣
所要：約1時間

那覇〜宮古
所要：約50分

那覇〜石垣、宮古、久米島線は、8フライトして那覇到着後、羽田行きの最終便に乗り継げば1日9フライト可能

伊丹起点ならこんな1日4往復も可能

最後に羽田に飛べば1日9フライトとなる

羽田へ

2往復

但馬

出雲

伊丹

2往復

の乗り継ぎは厳しく、羽田から飛ぶ場合は羽田～福岡線の1フライトを含めても1日9フライトになってしまう。復路も同様に9フライトとなる。つまり1泊2日で18フライト、2泊3日で28フライト、3泊4日で38フライト、4泊5日で48フライトということ。回数をこなすため肉体的にはきついかもしれないがフライト時間は50分程度だ。

回数達成のための究極プラン

回数達成のための究極のプランはじつはJALグループの旅行会社が販売していた。JALパックのアイランドホッピング「跳び飛びの旅 小型プロペラ機でホッピング」がそれだ。奄美群島や沖縄の離島では島を結ぶ短距離路線が数多く運航されており、かつてはそれらを利用して1泊2日で8、11、16フライト、2泊3日で15フライトできるパッケージ商品などがラインナップされていた。回数達成の強力な手段として親しまれていた同プランだが、2022年に廃止となってしまった。

参考までに1泊2日で16フライトのツアーの日程は以下のとおり。東京発で初日は羽田→那覇→石垣→宮古→那覇→久米島→那覇という6フライト、2日目は那覇→宮古→多良間→宮古→石垣→那覇→沖永良部→徳之島→奄美大島→鹿児島→羽田という10フライトで合計16フライトとなる。料金は出発日や人数などによっても異なり、ホテル代込で14万円～19万円程度であった。安ければ1区間あたりほぼ1万円を下回る計算で一人での参加もOKだった。

限られた時間で飛行機に乗ることのみが目的となるため現地滞在時間は短く、観光という面は考慮されていなかった。だが、フライトをまとめて予約してくれてホテルもセットになっているので、いろいろな面

首都圏発
那覇路線で集中搭乗

首都圏在住の人が短期間に回数を稼ぐのなら那覇と離島を結ぶ路線がおすすめ。1泊2日で16フライト、2泊3日なら24フライトが可能だ。ただし、台風シーズンや繁忙期は避けて利用したほうがいいかもしれない。

——— 1日目 ———
羽田➡那覇←（3往復）➡宮古 or 石垣 or 久米島
7フライト
▼
——— 2日目 ———
那覇←（4往復）➡宮古 or 石垣 or 久米島
8フライト
▼
——— 3日目 ———
那覇←（4往復）➡宮古 or 石垣 or 久米島➡羽田
9フライト
▼
2泊3日で24フライト

JALパック「跳び飛びの旅 小型プロペラ機でホッピング」の一例

JALグループのJALパックではアイランドホッピング「跳び飛びの旅　小型プロペラ機でホッピング」というツアーを販売していた。1泊2日ないし2泊3日で奄美群島や沖縄の離島を巡り、観光のことは考えずにとにかく飛行機に乗りまくる。JALの回数達成にぴったりだった。すでに廃止されているが1泊2日16フライトツアーのルートを紹介しよう。路線は存在するので再現することは可能だが、この日程でとなると一部で乗継時間がかなりシビアになる。

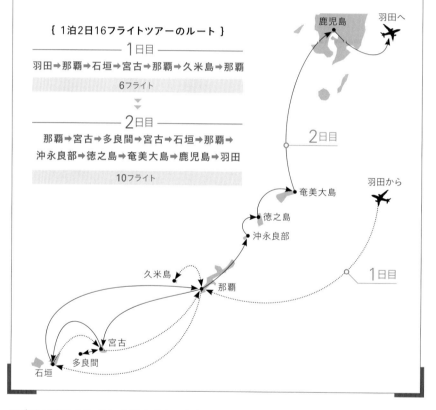

{ 1泊2日16フライトツアーのルート }

── 1日目 ──
羽田➡那覇➡石垣➡宮古➡那覇➡久米島➡那覇

6フライト

── 2日目 ──
那覇➡宮古➡多良間➡宮古➡石垣➡那覇➡
沖永良部➡徳之島➡奄美大島➡鹿児島➡羽田

10フライト

で楽をできるためメリットは大きかったといえるだろう。

現在はJALダイナミックパッケージで周遊プランを組むことができる。単純往復だけではなく、いくつものフライトを組み込むことができるので検討してみるといいかもしれない。

5000ポイント付与という後押しも

さすがに50フライトはきつかったり、日常の出張や旅行などで一定のFLY ONポイントが貯まっている場合などは5万ポイントで上級会員を目指すほうが近道という場合もあるだろう。JALはJALカード会員限定

JALの国内線ファーストクラスではゆったりとしたシートで本格的な食事を楽しむことができる。疲労がたまっていそうなフライトでは活用したい。

羽田〜那覇線にはファーストクラスを搭載したエアバスA350-900が投入されている。空席があればアップグレードしたいところだが競争率は高い。

で、その年最初のフライトで5000FLY ONポイントをプレゼントするキャンペーンを実施しており、実質4万5000ポイントをフライトで獲得すればサファイア会員になれるという「後押し」もある。これを見逃す手はないだろう。

JALの国内線は普通席、クラスJ、ファーストクラスの3クラスになっていて、クラスJなら10％、ファーストクラスなら50％積算率が加算される。ファーストクラスは設定路線が限られるが、クラスJは多くの路線で設定されているのでクラスJでの予約をおすすめする。ポイントが増えることはもちろん、シートも快適で疲労も最小限、かつ機体の前方ということで乗り降りも便利と一石二鳥なのだ。ただし、普通席にくらべてポイント単価が大幅に悪化する場合はよく考えたい。

JALでポイントを効率よく貯めるには、羽田〜那覇線のスペシャルセイバーの利用がおすすめ。スペシャルセイバー利用のクラスJだと片道1872ポイントが貯まり、4万5000ポイントまでは24フライトでほぼ到達する。1ヶ月に1回ほどの往復で達成可能だ。もし、羽田〜那覇線よりも飛行距離が長い羽田〜石垣線や羽田〜宮古線のスペシャルセイバーがお得な料金で

購入できれば、さらに少ない回数で達成することが可能となる。

羽田〜那覇線では多くの便にファーストクラスが設定されている。当日空席があればアップグレード可能で、アップグレードすれば搭乗回数を減らすことができる。

また、JALでは2022年4月より乗り継ぎをする場合も直行便と同等の料金設定となり、乗り継ぎがある場合の料金が大きく下がった。得られるポイントは直行便よりも少々多い程度なので、料金が安くなる場合は利用を検討したい。将来的にJAL Life StatusプログラムでLife Statusポイントを貯めてJALグローバルクラブ入会を目ざす場合は、乗継便を積極的に利用すべきだろう。

JAL国内線ではセイバー、スペシャルセイバーの搭乗ボーナスFLY ONポイントは200ポイント、フレックスでは400ポイントとなる。回数を抑えてポイントを貯めたいならば、400ポイントが獲得できるフレックスが候補となるが、セイバーやスペシャルセイバーとくらべるとポイント単価が一気に悪化してしまう。時間がないけど5万ポイントまであと200ポイントがどうしてもほしい……というようなケースなどで活用を検討したい。

✈ 国際線には
国内線区間をつけよう

国際線の航空券には国内線区間を割安で追加することができる。
本来ならば必要のないフライトかもしれないが、
ポイントを効率的に貯められるのでぜひとも検討したい。
ただし、ANAとJALでは事情が少々異なる。

ポイントを効率的に貯めよう

　ANA、JALともに国際線を利用する場合は国内線区間を含めることによってより多くのポイントを貯めることができる。たとえばシンガポールへ行く場合には東京〜シンガポールの単純往復ではなく、那覇→東京→シンガポール→東京→那覇と発券するわけだ。予約方法はいたって簡単。両社ともにホームページにおいて、出発地を「那覇」、到着地を「シンガポール」とするだけでいい。

　本来は地方在住の人が東京などから国際線に乗るときのために利用する制度なのだが、多くの東京発の国際線航空券では通常よりも安い料金で国内線区間を追加

できるためポイント獲得にはもってこいといえる。長距離路線の東京〜那覇を選択する人が多く、那覇→羽田・成田→シンガポール……のように東京で空港が変わってもOKだ。往路の東京→那覇と復路の那覇→東京の航空券は別途購入する必要があるがこれもポイントとして加算されるので無駄ではない。

　東京では原則24時間以内の乗り継ぎが必要になるので体力的には少し疲れるものの、ポイントを効率的に貯めるにはベストな方法といえる。

JALは国際線と同じ積算率

　国際線に追加する国内線区間の積算率はANAとJALでは状況が異なる。

国際線航空券の国内線区間追加の例

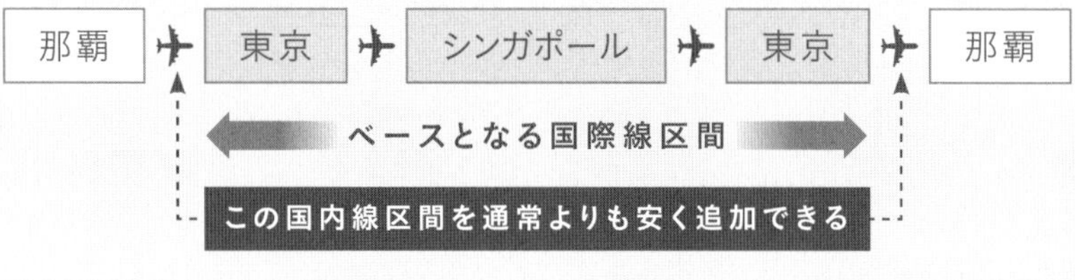

| 那覇 | ✈ | 東京 | ✈ | シンガポール | ✈ | 東京 | ✈ | 那覇 |

◀━━ ベースとなる国際線区間 ━━▶

この国内線区間を通常よりも安く追加できる

シンガポールのシンボルといえばマーラ
イオン。首都圏在住の人もたんにシン
ガポールへ往復するのではなく、国内
線区間をつけることを検討してみよう。

まずはJALから見ていこう。JALでは国
際線航空券で発券されている国内線区間
の積算率は原則国際線と同じとなる。搭
乗ポイントは積算率70％以上の運賃では
400ポイントが付与され、それ以外では
発生しない。

JALでは以前、国際線の予約クラスを
問わずファーストクラスは150％、クラスJ
は110％、普通席は100％となっていたの
でポイント単価は悪化してしまった。それ
でも国際線との組み合わせになることで旅
行日数は増えてしまうが、ポイント単価が
悪くなければ使わない手はないだろう。

路線倍率1.5倍の東南アジア、オース
トラリア方面のプレミアムエコノミークラ
スの割引運賃と組み合わせることでポイン
ト単価の良化が見込まれる。

ANA 国際線航空券で発券されている 国内線区間の積算率と搭乗ポイント		
国内線区間予約クラス	積算率	搭乗ポイント
F / A	150%	
Y / B / M	100%	
U / H / Q	70%	0
V / W / S	50%	
L / K	30%	

JAL 国際線航空券で発券されている 国内線区間の搭乗ポイント	
国内線区間予約クラス	搭乗ポイント
F / A / J / C / D / I / X / Y / B / H / K / M	400
上記以外の予約クラス	0

ANAで決行するかは積算率次第

ANAも国際線航空券における国内線区
間の普通席の積算率は国際線の予約クラ
スと同じとなる。エコノミークラスでは積
算率30％、50％の予約クラスもあるが、
国内線利用時も同じ積算率になってしまう
ということだ。プレミアムクラスについて
は150％の積算率となるものの、ANAで
は国際線航空券における国内線区間につ

いては、プレミアムクラスも普通席も搭乗
ポイントはつかない。

30％や50％の積算率となると日程的に
無理して国内線区間を追加するメリットは
コストパフォーマンス的にはない。国際線
区間＋国内線区間の合計でどのくらいのプ
レミアムポイントが貯まるのかをしっかりと
シミュレーションしてから航空券を購入す
ることを強くおすすめする。

✈ ポイント単価のいい 国際線路線

ANA、JALともにポイントで上級会員を目ざす場合は
国際線を利用するのもいいだろう。
国内線のように気軽には乗れないし費用も嵩むけれど、
気分的にリフレッシュできる利点もある。

候補はプレミアムエコノミー

国際線ではプレミアムエコノミークラスのパフォーマンスが優秀だ。ANAでは欧米路線だけでなく東南アジアやオセアニア路線の多くの便にプレミアムエコノミークラスが設定されている。エコノミークラスより快適であることはいうまでもないがその最大の魅力は積算率だ。予約クラスによって100％と70％の運賃タイプがあり、積算率100％の運賃になると一度にたくさんのプレミアムポイントが貯められる。予約時は予約クラスをよく確認しよう。また、プレミアムエコノミークラスでは予約クラスにかかわらず、搭乗ポイント400が加算されるのも見逃せない。

燃油サーチャージが高く、国際線の料金は以前にくらべるとかなり高額だ。それでも期間限定のキャンペーンでお得な料金のプレミアムエコノミークラスの航空券を目にする機会もある。また、航空券とホテルがセットになっているダイナミックパ

ッケージでもプレミアムエコノミークラス利用の割安なツアーが販売されることもある。ただし、キャンペーンやツアー系のプレミアムエコノミークラスの運賃の多くが積算率70％になっているため、ポイント単価を考慮しながら選ぶといいだろう。

ポイント大量獲得も可能

プレミアムエコノミークラスは上手に活用することで多くのポイントを獲得できる。とくに路線倍率が1.5倍となるアジアやオセアニア路線での利用が効果的で、国内線区間をつけることでさらに多くのポイントを貯めることができる。

ANAでは羽田〜シドニー線、成田〜パース線がいいだろう。積算率100％の運賃でプレミアムエコノミークラスを利用した場合、羽田〜シドニー線では往復で1万5388ポイント、成田〜パース線では1万5578ポイントを稼ぐことができる。首都圏在住で往路、復路ともに24時間以内の乗り継ぎで那覇へ行くことができれば、那覇

プレミアムエコノミークラスで羽田〜シドニーを2往復すれば
5万ポイント間近

ポイントを貯めることが目的ならば、国際線利用時は国内線区間をつけたほうがいい。首都圏在住の場合、その国内線区間は距離があって運航本数も多い那覇線が最適だろう。羽田〜シドニー線をANAのプレミアムエコノミークラスで利用し、那覇〜羽田往復の国内線区間をつけると1万9324ポイント、別手配となる羽田〜那覇往復はANA SUPER VALUEを利用すると総獲得ポイントは2万2276ポイントにものぼる。この行程を2回繰り返せば5万ポイントまであと少しだ。

シドニーは海に面したオーストラリア最大の都市。
郊外にも見どころは多い

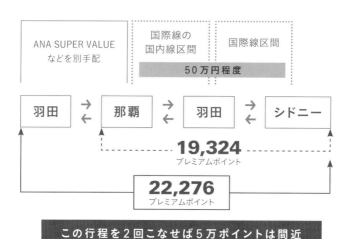

ANA SUPER VALUE などを別手配	国際線の国内線区間	国際線区間
	50万円程度	

羽田 → ← 那覇 → ← 羽田 → ← シドニー

19,324
プレミアムポイント

22,276
プレミアムポイント

この行程を2回こなせば5万ポイントは間近

→羽田→シドニー→羽田→那覇というルートでは1万9324ポイントの獲得となる。

東京〜オセアニア路線の積算率100%のプレミアムエコノミークラスの運賃は、搭乗日によるが国内線区間込みで往復50万円程度で、その場合のポイント単価は約26円となる。かつてはポイント単価が10円台であったことを考えると残念ながら

かなり悪化している。

往路、復路で利用する羽田〜那覇の航空券も考慮すると、ポイント単価のいいANA SUPER VALUEを使った場合、さらに往復2952ポイントが加算されるので合計で2万2276ポイントを獲得できる。この行程を2回こなせば目標の5万プレミアムポイントまであと少しだ。

ポイント単価のいい国際線路線

羽田〜シドニー線を利用しよう

　JALでおすすめの路線はANA同様、FLY ONポイント換算率が1.5倍になるアジア、オセアニア路線だ。そのなかでも距離が長い路線に注目したい。

　JALでは羽田〜デリー線と羽田〜シドニー線と成田〜メルボルン線が距離的にはメリットがある。

　ポイント単価的に優秀なのがプレミアムエコノミークラスとなるが、この3路線でプレミアムエコノミークラスの設定があるのは羽田〜シドニー線と羽田〜デリー線となる。おすすめは羽田〜シドニー線だ。

　2023年12月調べで羽田〜シドニー線の積算率100％のプレミアムエコノミークラスは総額で約48万円。往復1万5390ポイント獲得できて、ポイント単価は約32円となる。国内線区間として羽田〜那覇線を追加すれば那覇→羽田→シドニー→羽田→那覇というルートで2万126ポイント獲得できる。ポイント単価は約25円台だ。さらに往路、復路で必要となる羽田〜那覇の往復をスペシャルセイバーとすると往復3352ポイントが加算されるので羽田→那覇→羽田→シドニー→羽田→那覇→羽田というルートでは2万3478ポイントとなる。2回実行すれば4万6956FLY ONポイントとなり、JALカード会員向けの5000ポイントがあるのでサファイア達成だ。

　距離だけ考えれば欧米路線のほうが長いが、路線倍率と料金を考えるとオセアニア線のほうがポイント単価が安くなることを覚えておきたい。

シンガポール線もおすすめ

　JALの上級会員を目ざす際には那覇→羽田→シンガポール→羽田→那覇というルートもよく利用される。やはりプレミアムエコノミークラスのポイント単価が優秀だ。2023年12月調べで積算率100％の運賃の料金は約31万円で合計1万5472ポイントが獲得可能、ポイント単価は約20円となる。往路、復路の羽田〜那覇の往復をスペシャルセイバーとすると合計1万8824ポイントが獲得可能だ。

　東南アジア方面ではバンコク線のプレミアムエコノミークラスも候補となるが、シンガポール線よりも得られるポイントが少ないうえに料金が少し高い。やはりシンガポール線がベストだろう。

オーストラリアには魅惑のスポットがたくさんある。内陸部に位置するウルルはその代表格だ。

定番の羽田〜シンガポール線

羽田〜シンガポール線に国内線区間として羽田〜那覇を追加した航空券もJALの上級会員を目ざす際にはおなじみ。ポイント単価が優秀なのはやはりプレミアムエコノミークラスだ。羽田〜那覇〜羽田〜シンガポール往復という下記の行程を3回こなせば5万ポイントに到達し、4回実行すれば憧れのJGCプレミアすらも視界に入ってくる。

スペシャルセイバーを 別手配	国際線の 国内線区間	国際線区間
		約31万円

羽田 → ← 那覇 → ← 羽田 → ← シンガポール

15,472
FLY ON ポイント

18,824
FLY ON ポイント

ポイント単価は約20円

市域がコンパクトなシンガポールは短期で訪れるには申し分のない都市だ。

✈ 他社利用でも ポイントは発生する

ANA、JALともに提携している海外の航空会社を利用しても
ポイントを貯めることができる。
海外の航空会社はビジネスクラスやプレミアムエコノミークラスを
割安で売り出すことがあるので上手に利用したい。

アジア系航空会社に注目

スターアライアンス加盟航空会社運航便にマイル積算運賃で搭乗し、ANAマイレージクラブの口座にマイルを積算すればANAのプレミアムポイントが発生する。コロナ禍以降、ANAの航空券の値上がりが続いている昨今、海外の航空会社を上手に使うことにより、ANA単独よりもリーズナブルに5万ポイントを目ざすことが可能だ。ただし、他社利用でポイントを稼いでプラチナを目ざす場合は「2万5000ポイント以上はANAグループ運航便によるものでなければならない」ことを頭に入れておきたい。

また、ANAでは2020年から飛行機の利用実績に加えて、ANAカード・ANA Payの一定以上の決済額、そして指定されたANAの各種サービスの利用数を達成することで上級会員になることができるライフソリューションサービスを開始した。だが、ここで必要とされるプレミアムポイントはANAグループ運航便に限られ、ANA以外の航空会社で得られたプレミアムポイントはカウントされない。海外の航空会社を活用するのは5万ポイントでプラチナを取得する場合のみとなることを覚えておこう。

ANAが加盟しているスターアライアンスの加盟航空会社ではアジア系航空会社の活用が重要となってくる。中国国際航空、エバー航空、アシアナ航空、シンガポール航空などはお得な航空券を発売することがある。大量のポイントを獲得できるビジネスクラスが望ましいが、ANA同様にコロナ前とくらべると料金はかなり上昇しており、ヨーロッパへの乗継便のビジネスクラスだと往復30万円～50万円ほどになってしまうことも。それでもコロナ前のANA国際線に近い料金設定となっていて、現在のANAの航空券にくらべると割安だ。

狙いどころはビジネスクラスのスペシャルセール運賃。航空会社によって異なるものの、基本的に海外の航空会社のビジネスクラスのセール運賃のほとんどは通常のビジネスクラスの割引運賃と同じ積算率であることが多く、セール運賃でお得に購入することが最善となる。不定期で販売されるため、セール情報を見落とさないように情報収集を怠らないことが重要だ。

スカイスキャナーやGoogleフライトなどで検索するとポイント単価が優秀な航空券が出てくることがあるので、比較しながら確認するのが望ましい。

ビジネスクラスやプレミアムエコノミークラスの運賃が割高ならば、エコノミークラスの利用も検討すべきだろう。

おすすめは中国国際航空

日本発のスターアライアンス加盟航空会社のビジネスクラスでは北京を拠点とする中国国際航空のコストパフォーマンスが優れている。北京経由で第三国というルートが組みやすく料金がお得だ。なかでもおすすめしたいのが東京から北京経由の東南アジア行きで、ビジネスクラス利用で往復10万円台後半から20万円程度で販売

されている。かつては往復8万円台前半でビジネスクラスが購入可能な時期もあり、現在では倍以上になっているものの、それでもコストパフォーマンスは悪くないだろう。

東京から北京経由のジャカルタ往復で1万3030ポイント、クアラルンプール往復で1万1714ポイント、シンガポール往復で1万1860ポイント、バンコク往復で1万24ポイントと、いずれも1万プレミアムポイント以上を獲得できる。中国国際航空のビジネスクラスはマイル積算運賃であれば最低でも区間マイルの125%積算となる。これらのルートで2回往復して2万ポイント以上を獲得し、残りはANAグループ便で貯めるといいだろう。

ただし、北京空港での乗り換えには注意が必要だ。通常、入国しない場合は入国審

エチオピア航空、シンガポール航空でポイント大量ゲット！

エチオピア航空の東京〜アディスアベバ〜サンパウロ往復の積算率100%のエコノミークラスの航空券は約38万円ほどで購入可能で、プレミアムポイントは2万6932ポイントにものぼる。また、シンガポール航空の東京〜シンガポール〜パリのプレミアムエコノミークラスにも注目したい。積算率100%で往復で2万5732ポイントを獲得できる。

東京〜シンガポール〜パリ

25,732プレミアムポイント

約37万円

ポイント単価…約14円

積算率100%の
プレミアムエコノミークラス運賃利用

パリ
東京
アディスアベバ
シンガポール
サンパウロ

東京〜アディスアベバ〜サンパウロ

26,932プレミアムポイント

約38万円

ポイント単価…約14円

積算率100%のエコノミークラス運賃利用

※ポイントは往復のもの（編集部調べ）

査は不要だが、北京ではパスポートをチェックする乗り継ぎ専用の審査場があるので時間に余裕をもつ必要がある。2024年1月現在、日本人は中国に入国する場合はビザが必要となっているが、乗り継ぎでは原則不要で、仮に乗り継ぎ時間を使って中国に入国する場合もビザは必要ない。だが、中国が目的地の場合はすべての日本人がビザを取得する必要があることなども含めて入国に時間を要す場合も多いので、スケジュールには余裕をもっておく必要がある。

中国国際航空では北京を経由したヨーロッパ行きもあるが、ビジネスクラス航空券で往復30万円〜40万円程度が相場となっている。羽田→北京→パリ→北京→羽田のルートで1万7678ポイントを獲得可能で、1回の旅行で大量のポイントを獲得できるのは大きな魅力だろう。北京からヨーロッパへの路線ではビジネスクラスにはフルフラットシートが導入されており、機内食など期待できない部分はあるものの、シートについては特段問題ないだろう。

そのほかにもアシアナ航空（ソウル乗り換え）、エバー航空（台北乗り換え）などのビジネスクラスもANAにくらべると割安に販売されている。ただ、各社ともに値上げ傾向にあり、出費が嵩んでしまうが、ビジネスクラスで優雅に修行をしたい人にとっては決して悪くないだろう。ビジネスクラスの快適度が高いシンガポール航空もヨーロッパ往復で40万円台のセール運賃が出ることもあるので狙い目といえる。

エチオピア航空という選択肢

フライト時間は長いが、一度に効率的にポイントが加算できるのがエチオピア航空だ。成田からエチオピアの首都であるアディスアベバへ週5往復運航しており、ソウル経由で片道17時間ほどかかる。

エチオピア航空を利用するメリットはアディスアベバから先の乗り継ぎ路線となる。アディスアベバからはヨーロッパ各都市に加えて南米への路線が就航しており、お得な航空券が数多く販売されている。

エコノミークラスの最安値であれば燃油サーチャージや空港税などの諸経費を含めても往復15万円程度で販売されているが、せっかくならマイル積算率が100％の予約クラスS（Eco Flex）の運賃を購入したい。2024年1月現在で成田〜アディスアベバ〜サンパウロの往復が37万5920円で購入できる。区間マイルは片道1万2666マイルとなっており、往復で2万5332ポイント、さらに搭乗ポイント400が4区間加算されるので一度のフライトで2万6932ポイントを獲得可能だ。ポイント単価は14円ほどとなる。コロナ前のポイント単価は8円以下であり、割安感はなくなったが現状ではかなりお得だろう。

冒頭でも触れたとおり、5万ポイントのうち半分の2万5000ポイント以上はANAグループ便の搭乗が必要となることから、残りの2万5000ポイントをANAグループ便で貯めればいいのだ。一度の旅行で目標の半分のポイントを獲得できるし、訪れる機会の少ない南米へ旅行することもできるので魅力は充分といえるだろう。

ただし、フライト時間はとても長い。成田からソウルを経由してアディスアベバまで17時間15分、乗り継ぎが2時間あり、さらにサンパウロまで12時間10分のフライトで、移動時間は片道で31時間30分あまりとなる。エコノミークラスということでまさに苦行となるが、目標となる5万ポイントの半分を一度の旅行で稼ぐことができる。なによりも100％積算という点もポイント修行においては効果的だ。

予約する際は航空券の予約クラスを確認するのを絶対に忘れないように心がけてほしい。エチオピア航空のエコノミークラスは2024年1月現在、Y、G、S、Bの各予約クラスが100％積算となる。

シンガポール航空も候補

マイル積算率100％となるプレミアムエコノミークラス運賃を設定している航空会社にも注目したい。快適度も含めておすすめしたいのがシンガポール航空のプレミアムエコノミークラスだ。東京からシンガポール乗り換えでパリへ行く場合、100％積算となることから往復で2万4132ポイント、搭乗ポイント400が4区間でつくため往復で2万5732ポイントを獲得できる。こちらもエチオピア航空のエコノミークラスでのブラジル往復と同様に一度に2万5000ポイントを超えることになる。調査時点では往復で37万円ほどになっているが、セール運賃が出ればこれよりもお得に買える可能性も充分に考えられる。

海外の航空会社でお得にポイントを貯めるには、期間限定かつ不定期で販売されるビジネスクラスやプレミアムエコノミークラスのキャンペーン運賃という掘り出し物をいかに探すかが大切になってくる。

他社利用でもポイントは発生する

JAL 編

マレーシア航空が王道か

　JALが加盟するワンワールドではマレーシア航空とカタール航空がポイントを貯めやすい航空会社として知られているが、最近ではキャセイパシフィック航空やスリランカ航空も選択肢に入っている。

　コロナ禍を経て、JALのFLY ONポイントを海外の航空会社で貯める場合のポイント単価はかつてより上がっている。しかしながら、JAL国際線はさらに上がっているので、効率よくポイントを貯めるうえでは海外の航空会社の活用は不可欠となる。

　最近ではワンワールドにおいてはずば抜けて安い航空券を売り出す航空会社はなくなったといえる。これまでの王道はマレーシア航空であり、コロナ禍前の2019

年11月に発売されたキャンペーン運賃を見てみると、東京〜クアラルンプール〜デンパサール（バリ島）のビジネスクラスが往復11万7140円で販売されていた。JALマイレージバンクへは125％積算となり、往復で1万1428ポイントを獲得できてポイント単価は10.3円ほどだった。しかしながら、2023年以降で検索してみると料金はじつに2倍以上に跳ね上がっている。

　料金が高騰しているマレーシア航空であるが注目路線はある。東京〜クアラルンプール〜オークランドのビジネスクラスだ。キャンペーン時には往復30万円程度で販売されているので、搭乗日は限定されるものの、いろいろと検索してみるといいだろう。以前はJALマイレージバンクへの積算率は125％だったが、現在は100％積算

マレーシア航空のビジネスクラスに注目

　JALと同じワンワールドに加盟しているマレーシア航空はキャンペーン運賃が販売される。とくに注目すべきは東京発クアラルンプール経由各都市行きのビジネスクラスで一度に大量のポイントを獲得可能だ。

東京
クアラルンプール
オークランド

東京〜クアラルンプール〜オークランド

17,510FLY ONポイント

約30万円

ポイント単価…約17円

※ポイントはビジネスクラス利用時往復のもの（編集部調べ）

（予約クラスZ）となっており、片道で8755ポイント、往復で1万7510ポイントを獲得できる。ポイント単価は17円程度になってしまうが、ビジネスクラスでニュージーランドまで往復して1万7500ポイント近くを稼げることは、現在の状況下であれば評価できる。2024年はビジネスクラスのセール運賃に期待したいところだ。

カタール航空で快適に

ヨーロッパ方面ならばカタール航空やキャセイパシフィック航空のビジネスクラスがいいだろう。ただし、ビジネスクラスの料金が安くなるのは不定期で発売される期間限定のキャンペーン運賃になるので、つねにセール情報をチェックし、そのタイミングに合わせなければならない。

たとえばカタール航空では東京〜ドーハ〜バルセロナのビジネスクラスを往復25万円程度で購入できるスペシャルセールがこれまではあったが、現在ではスペシャルセールでも40万円前後に高騰している。カタール航空はいつスペシャルセールを実施するかわからない。同社は成田〜ドーハ線、羽田〜ドーハ線に続いて、2023年には関西〜ドーハ線も就航した。関西線あたりで大きなセールに期待したいところだ。カタール航空についてはつねにセール運賃での購入が不可欠となる。

ちなみに2024年3月末にJALが羽田〜ドーハ線を就航することにともない、カタール航空便としては同路線は運休となるがJAL共同運航便の販売も行っている。

カタール航空の拠点であるドーハ空港のビジネスクラスラウンジは豪華で利用者からの評価がとても高い。ビジネスクラスのシートはQsuiteと呼ばれる全席扉がついた完全個室型で、このシートに乗りたいがためにカタール航空を選ぶ人も増えている。少し割高であっても世界最高峰

カタール航空のビジネスクラスは世界最高レベル

カタール航空は上質なサービスで定評があり、一度は乗ってみたい航空会社だ。稀にビジネスクラスのキャンペーン運賃が販売されることがあるので条件が合えば利用してみたい。ポイント単価はそれほど安くはないものの、世界最高レベルのビジネスクラスを堪能しつつポイントを貯められるのだから魅力は充分だろう。

バルセロナ
ドーハ
東京

東京〜ドーハ〜バルセロナ
20,416FLY ONポイント
約40万円
ポイント単価…約20円

※ポイントはビジネスクラス利用時往復のもの（編集部調べ）

のビジネスクラスを体験するべく、カタール航空に乗ってみるのもいいだろう。カタール航空はスカイトラックス社の5スターエアラインであり、シート、機内サービス、ラウンジとも上質のサービスを受けられるなど、一度は乗ってみたい航空会社だ。

　最近ではキャセイパシフィック航空の香港乗り継ぎでお得な航空券を購入できることも多い。香港は乗り継ぎもスムーズであり、ビジネスクラス以上の利用もしくはすでにANAのサファイア会員であれば、飲茶なども楽しめるキャセイパシフィック航空のラウンジを使えることもプラスだろう。ビジネスクラスやプレミアムエコノミークラスのお得な航空券も目にするが、ビジネスクラスでも70％積算運賃があるので、獲得できるポイント数と料金を考慮して慎重に航空券を選びたい。

　キャセイパシフィック航空と並んで最近注目を集めているのがスリランカ航空だ。成田〜コロンボ線が運航されており、コロンボ乗り継ぎのヨーロッパ行きなどでお得な航空券が販売されている。スリランカ航空のビジネスクラスは東京〜コロンボ〜ロンドンが往復35万円前後で販売されている。積算率は100％で獲得できるのは片道9669ポイント、往復で1万9338ポイントとなる。乗り継ぎ時間が長いなどのデメリットはあるものの（往路は1泊の場合もあり、ホテル提供もある）、スリランカに立ち寄れるというのもおもしろい。

　このルートのエコノミークラスは往復10万円程度で買えることもあるが、マイル積算率は予約クラスVで50％となり、往復乗っても1万ポイント弱となる。予約クラスEだと70％積算となり、往復16万円弱と料金は上がってしまうものの往復で1万3536ポイントを獲得することができる。

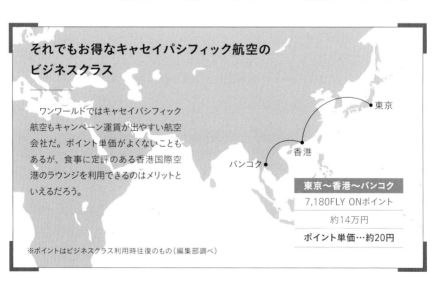

それでもお得なキャセイパシフィック航空のビジネスクラス

ワンワールドではキャセイパシフィック航空もキャンペーン運賃が出やすい航空会社だ。ポイント単価がよくないこともあるが、食事に定評のある香港国際空港のラウンジを利用できるのはメリットといえるだろう。

東京

香港

バンコク

東京〜香港〜バンコク
7,180FLY ONポイント
約14万円
ポイント単価…約20円

※ポイントはビジネスクラス利用時往復のもの（編集部調べ）

コードシェア便について

　JALがANAと大きく異なるのはコードシェア便の取り扱いだ。ANAのコードシェア便の場合はスターアライアンス加盟航空会社運航便のみプレミアムポイントの対象となるのに対し、JALではJAL便名で予約している場合はコードシェア便がワンワールド加盟航空会社便でなくてもFLY ONポイントの対象となるのだ。

　たとえば日本〜ハワイ線においては、ワンワールドに加盟していないハワイアン航空運航便であってもJAL便名の航空券を購入すればFLY ONポイントの対象となる。JAL運航便と同じ価格で販売されている便も多いので、ハワイに出かける予定があればJAL便名で購入することを心がけたい。

　JALはワンワールド加盟航空会社以外にも提携航空会社が多く、エミレーツ航空運航のドバイ線（羽田〜ドバイ、成田〜ドバイ、関西〜ドバイ）、エア タヒチ ヌイ運航のパペーテ線、中国東方航空運航の中国路線、チャイナ エアライン運航の台湾線、大韓航空の韓国線なども同様である。

　たとえばエミレーツ航空はJALマイレージバンクと提携しているが、エミレーツ航空便名の場合はFLY ONポイントが積算されないがJAL便名で購入すればOKだ。必ずJAL便名で購入しよう。

　JAL便名の航空券であれば国内線区間をつけることもできる。定番の那覇出発も可能であり、那覇→東京→ドバイ→東京→那覇というルートで発券することも可能となっている。エミレーツ航空が誇るエアバスA380型機に乗ってドバイ観光を楽しみながら、ポイントもしっかり獲得するという方法もあるのだ。ドバイへ出かける際にはぜひとも活用していただきたい。

スリランカ航空のビジネスクラスも候補だ

　スリランカ航空の東京発コロンボ経由ヨーロッパ各都市行きのビジネスクラスも検討の余地がある。ポイント単価は優秀とは言い難いが、ビジネスクラスでヨーロッパ旅行と考えれば一考の余地はあるだろう。スリランカに立ち寄れるのも魅力だ。

ロンドン　東京　コロンボ

東京〜コロンボ〜ロンドン
19,338FLY ONポイント
約35万円
ポイント単価…約18円

※ポイントはビジネスクラス利用時往復のもの（編集部調べ）

✈ 海外発券で
日本を目的地にしよう

効率よくポイントを貯めるテクニックとして海外発券が挙げられる。
一見、難しそうに感じるがANA、JALのホームページで
出発地を海外の都市に、到着地を日本の都市などにするだけでいい。
国際線でポイントを貯めるのならばぜひ検討したい。

海外発券の概要

できるだけ出費を抑えて航空会社の上級会員になるためには、ポイント単価の安い航空券を購入することがカギとなってくる。だが、日本在住者が国内線や日本発の国際線航空券を購入している限り、そこには限界がある。ポイント単価をさらに下げるべく、海外発券の利用を検討してみよう。海外発券とは日本以外の国を出発地とする航空券を購入することである。おおまかには次のように分類できる。

- - - - - - - - - - - - - - - - - - - -

1 海外発日本行きの片道航空券
例：バンコク→東京
2 海外発日本行きの往復航空券
例：バンコク→東京→バンコク
3 海外発日本経由海外行きの航空券
例：バンコク→東京→ロサンゼルス→東京→バンコク
4 海外発第三国行きの航空券（日本を経由しないもの）

- - - - - - - - - - - - - - - - - - - -

ここでは日本在住者にとって利用しやすい**2**と**3**にしぼってとりあげてみたい。

ハードルは決して高くない

海外発券というとなにやらハードルが高そうに聞こえるが、航空券の多くを航空会社や旅行会社のサイトで買うことができる現在、購入方法は日本発の航空券とあまり変わらない。強いて違いをいえば、航空会社や旅行会社によってはサイトが日本語に対応しておらず、英語での購入になるケースがあることや、決済する通貨が日本円建てではなく外貨建てとなることくらいだろうか。

いずれも実際に海外に行くことを考えれば高いハードルにはならないだろう。英語にしたところで、翻訳サイトなどを使えば対処することができるし、そもそも日本語で予約できることが多い。大抵の場合、サイトで予約してクレジットカードで決済することになる。

むしろハードルとして立ちはだかってくるのは、たとえば海外発日本往復を購入した場合、出発地までの航空券を別途用意しなければならない点。そして最長でも1年以内に出発地に戻らなくてはならない、すなわち年に少なくとも同じ都市を2回訪

問しなければならないという点である。航空券が安い出発地が自分にとって魅力的な行き先であるかどうかも問題となってくる。

実際に海外発券の航空運賃を検索するのに、航空会社の公式サイト以外で有益なサイトは二つある。一つはスカイスキャナー。区間、日付などを入力すると複数の旅行会社の料金が表示される。航空券の検索サイトのなかには出発地、目的地、往路復路の出発日を確定させないと料金が表示されないものが多い。ところがスカイスキャナーではエコノミークラスに限り、出発地を選ぶだけであらゆる目的地やあらゆる月ごとの航空券の最安値を表示させることができる。「日程などをかっちりと決めてはいないが安い航空券を見つけたい」というときには重宝する。

プレミアムエコノミークラスやビジネスクラス、ファーストクラスの航空券を検索するときにはGoogleフライトが重宝する。こちらはエコノミークラス以外の航空券の料金も日程を決めずに表示させることができる。また、出発地から各都市への料金が記された地図も表示されるため、「距離が遠いわりに単価が安い」航空券を簡単に見つけることができるのもうれしい。もちろんスカイスキャナーやGoogleフライトで料金を調べてから、航空会社の公式サイトで購入してもかまわない。

ANAならクアラルンプール発券

海外発券地として人気が高いのが東南アジア発だが、なかでもクアラルンプール発券は料金の安さからマイラー御用達となってきた。かつてはプレミアムエコノミークラスの石垣往復や那覇往復がよく利用されたが、2024年初頭現在、とくにANAで狙い目なのは、クアラルンプール発東京経由アメリカ往復のエコノミークラスの予約クラスMだ。金額はトータルで20万円台後半から30万円台前半となるが、積算率100％なのでポイント単価が安く済む。

たとえばニューヨーク往復の場合、ポイント単価は約12円となる。2023年7〜12月に行われていた国際線プレミアムポイント2倍キャンペーンのようなキャンペーンがまた実施されるようなことがあれば、ポイント単価は一気に約6円まで低下して

ANA おすすめ海外発券チケット					※2023年12月に調査
出発地	目的地	搭乗クラス（予約クラス）	料金	プレミアムポイント	ポイント単価
クアラルンプール	東京	エコノミークラス(V)	127,500円	5,006	25.5円
クアラルンプール	東京	エコノミークラス(M)*	234,000円	10,814	21.7円
クアラルンプール	ニューヨーク	エコノミークラス(K)	156,300円	7,936	19.7円
クアラルンプール	ニューヨーク	エコノミークラス(M)*	302,400円	25,112	12.1円
シドニー	東京	エコノミークラス(S)	217,000円	7,294	29.8円
シドニー	ニューヨーク	エコノミークラス(L)	198,000円	8,418	23.6円
デリー	ニューヨーク	エコノミークラス(S)	197,900円	12,222	16.2円

*アップグレード可能な運賃

超格安の発券地は？

ANAやJALのマイレージ上級会員を目ざす際、自社運航便以外でポイントを貯めるならば対象は世界全体となってくる。しかし、日本在住である以上、海外発日本往復などの航空券でないと使い勝手が悪くなるだろう。しかも長距離路線でないと大量のマイルを獲得することは難しい。

その条件にあてはめた場合、比較的安価なのが南アフリカ共和国のヨハネスブルク発券だ。たとえばスターアライアンス加盟のターキッシュエアラインズのヨハネスブルク発イスタンブール経由成田往復のビジネスクラスは約35万円。予約クラスはKでANAマイレージクラブやユナイテッド航空のマイレージプラスに125％加算、1往復で2万5962マイルが獲得できる。

また、エジプトのカイロも伝統的に安い。

2024年3月末にJALのドーハ線が就航することにともない設定されるカタール航空＆JALのカイロ発ドーハ経由羽田往復はビジネスクラスで約28万2000円。カイロからドーハまではファーストクラス利用となるため、ドーハ国際空港において世界屈指のカタール航空のファーストクラスラウンジも堪能できる。ただし、JAL便といってもカタール航空の便名で予約クラスはPのためJALマイレージバンクの積算率は70％と高くない。しかし、航空券単体の料金が安いことを考えれば検討に値するだろう。

参考までにITAエアウェイズのビジネスクラスのエジプト発ローマ経由羽田往復が約23万3000円。予約クラスはIとなる。なお、ITAエアウェイズはANAもJALもマイル積算対象外となる。

1往復で5万224ポイントと、いきなりプラチナに到達してしまうことになる。航空券単体としては高く感じられるかもしれないが、トータルのコストを考慮すれば結局のところ安く済む、ということだ。なお、シカゴ往復のほうがニューヨーク往復よりもポイント単価は若干安くなる。

クアラルンプール以外の発券地はどうだろうか。一時期デリー発券が注目されたこともあったが、現在は料金が高くなってしまってかつてほどのうまみはない。ソウル、マニラ、ホーチミンシティ、バンコクといった都市もクアラルンプールと比較すると割高なのは否めない。当面はクアラルンプール発券を軸とするのがもっとも効率がよいといえそうだ。

JALグローバルクラブを目ざすなら

前述のようにJALグローバルクラブ入会の条件が2024年から大きく変更され、サファイア以上を獲得しても入会資格を得ることができなくなった。JALグローバルクラブに入会するには新たに設定されたJAL Life Statusプログラムにおいて1500Life Statusポイント以上が必要となる。ここではJAL Life Statusプログラムについて論じてみるが、FLY ONポイント獲得についても参考になるはずだ。

Life StatusポイントはJAL国内線では1搭乗あたり5ポイント、JAL国際線では1000区間マイルごとに5ポイント獲得できる。Life Statusポイントの基準となる「区

間マイル」はもっとも安いエコノミークラスであっても、もっとも高額なファーストクラスの正規運賃であっても同じとなる。となれば、ポイント単価ではなく、とにかくマイル単価の安い航空券を見つけて長距離を飛び続けるのが最善手となる。

たとえばJALのロサンゼルス発東京経由ジャカルタ往復のエコノミークラスの最安値は約12万4000円。往復で1万8000マイルを超えるのでLife Statusポイントは90ポイントとなる。国内線は1区間で5ポイントなので90ポイントは18区間分にあたり、国内線に換算すれば1区間あたり7000円ほどとなる。だが、仮に国内線とほぼ同じ単価だったとしても、国際線は加算される特典マイルが非常に多い。その

点で国際線の長距離を飛ぶメリットは依然として存在しているといえる。

ロサンゼルス発ジャカルタ往復を17往復、コストにして210万円以上を投じてようやくJALグローバルクラブ入会の条件となる1500Life Statusポイントに達する。

サファイア以上でJALグローバルクラブに入会できた2023年までとくらべるとハードルが一気に上がったのは事実だ。だが、1年以内に5万ポイントを貯めるのではなく、毎年少しずつ加算して目ざすことができるようになったという側面もある。日本発でもセール時には一気にLife Statusポイント単価が下がるので、それらと海外発券をうまく組み合わせて効率よくポイントを稼ぎたいものだ。

JAL おすすめ海外発券チケット

※2023年12月に調査

出発地	目的地	搭乗クラス	料金	Life Status ポイント	Life Status ポイント単価
クアラルンプール	東京	エコノミークラス	110,000円	30	3,667円
クアラルンプール	ニューヨーク	エコノミークラス	176,000円	100	1,760円
クアラルンプール	パリ	エコノミークラス	216,000円	95	2,274円
バンコク	ニューヨーク	エコノミークラス	144,000円	95	1,516円
ホーチミンシティ	ニューヨーク	エコノミークラス	155,000円	90	1,723円
シンガポール	ニューヨーク	エコノミークラス	166,000円	100	1,660円
ジャカルタ	ニューヨーク	エコノミークラス	163,000円	100	1,630円
デリー	シカゴ	エコノミークラス	175,000円	95	1,843円
シドニー	ニューヨーク	エコノミークラス	231,000円	115	2,009円
シドニー	ロンドン	エコノミークラス	213,000円	110	1,937円
カイロ*	東京	エコノミークラス	102,700円	50	2,054円
ニューヨーク	ジャカルタ	エコノミークラス	149,000円	100	1,490円
ロサンゼルス	東京	エコノミークラス	114,000円	50	2,280円
ロサンゼルス	ジャカルタ	エコノミークラス	124,000円	90	1,378円
(参考)東京	ホノルル	エコノミークラス	112,000円	35	3,200円

*2024年3月末以降、カイロ〜ドーハ間はカタール航空

✈ マイレージ ステイタスBOOK

2024年2月10日 初版発行

本文解説：鳥海高太朗、橋賀秀紀

文：滝口雅志

本文写真：小久保陽一

デザイン［カバー＆本文］：長尾純子

発行者：山手章弘

発行所：イカロス出版株式会社

　　　　〒101-0051　東京都千代田区神田神保町1-105

電話：03-6837-4661（出版営業部）

印刷・製本所　図書印刷株式会社